ちくま文庫

それからの僕には
マラソンがあった

松浦弥太郎

筑摩書房

もくじ

第1章　300メートルから3キロへ

第2章　7キロを45分で週3回

第3章　1キロ5分45秒を守る

それからの僕にはマラソンがあった

走ることとは何だろう——
その答えは、「チャレンジ」なのだと思う。

まえがき

雑誌「暮しの手帖」の編集長に就いてから、ちょうど三年ほどたったころのことでしょうか。当時の僕は、それまでに雑誌の編集の経験などまったくなかったので、とにかく無我夢中で毎日毎日をすごしていました。突然編集長を引き受けたのですから、自分にとって初めてのことばかりに取り組まなければならなかったのです。そうは言っても、がんばったぶんに見合う結果が出るほどうまくいくわけはなく、かつて経験したことがないほど苦労が続いていました。

なかなか思うような成果が出ないのに加えて、このころは、人間関係もふくめた、さまざまなことで緊張が続いていて、体も心もほとほと参っていました。

ともかくそのときの僕には、責任が重すぎることが多かったのだと思います。誌面の刷新と、売り上げ部数のV字回復のために編集長に選ばれたわけですから、これまでの「暮しの手帖」編集部の方針ややり方には頼るわけにはいきません。今まで誰も試みたことのない方法で、大きな成果を出さなければいけない、それが自分の使命だと思っていたのです。すべてを変えていかなければ――今あるものをいったんすみに置いておいて、新しい方法を毎日発明しないといけない、と喘ぐように生きていました。

けれども、その新しい方法が必ずしも成功するとは限りません。目標としている成果はなかなか出ない、成果が出なければ別のもっとリスキーな方法を試さなければならない。万が一、それでも成果が出なかったら、会社を続けられなくなるということが目に見えていたので、そのプレッシャーは相当大きかったのも事実でした。実際に、社員約三〇名の生活が自分の肩にのしかかっていたのですから。

努力の成果が誰の目で見てもわかるようなかたちで現われてくるには、それなりに時間が必要です。たかだか三年間がんばったくらいでは、なかなかよい結果は見えてはきません。その一方、人というのは、目に見える成果が出ないと、自分のしていることを見失ってしまうものです。いつまでがんばればいいのかわからなくなると、自分の進む方向さえ見えなくなってしまいがちです。それでも弱音は吐けないので、続けていくしかない。誰かに「代わってください」と頼むわけにもいかない。

つねにどこかに、ごつんごつんとぶつかりながら、前に進むしかありません。それが人であったり、仕事であったり、あるいは時代というものであったり、カルチャーのようなものであったりするのですが、少し進むと、いろんなところにぶつかりますから、まっすぐ前に進めない、それがそのころの僕の状況です。

さすがに、生身の人間ですから心身ともにすり切れたような状態になります。自分ではまだ大丈夫だと思っていたのですが、まわりからは、相当疲れているように見えていたことでしょう。

疲れが溜まると、一番最初に、睡眠障害が日常化します。疲れていますから、帰宅すると倒れ込むように寝入ってしまいます。けれども、一時間ほどたつと目が覚めてしまう。一度起きると目が冴えて、今度はなかなか眠れない――こんなことがずっと続きました。そうすると、体の疲れも取れないし、気持ちもすっきりしない、ですが休むわけにはいきません。

編集長という仕事は、二四時間三六五日のいつも本や雑誌のことを考えていなければならない仕事です。休日に家にいても、つねに仕事のことで頭を働かせ、コンテンツのアイデアをさがしていなければならない。ともかく休みがないわけです。そうしてすごしているうちに、目に見えて体力が落ちていき、その結果、集中力が低下し、どんどん階段をおりるように不調が現われ、とうとう帯状疱疹が出ました。

帯状疱疹が出た時点で、自分の体が黄色信号を出しているんだな、と自覚してはいたのです。「帯状疱疹が出ているので」と言って、仕事を休むわけにはいきません。眠れない、休めない。たとえ休みをとったとしても、自分がリラックスできるわけではないことがよくわかっているので、なおさら休めない――追いたてられるように、ずっと仕事を続けていました。

このままだと疲労は溜まっていく一方ですから、そのうち体ばかりでなく、精神的にも参ってしまうかもしれない、と感じました。「これは、ほっとけない」と初めて思ったのです。

そこで、心療内科の戸を叩きました。病院に行ったら、すぐに薬を出してくれました。

自宅に帰ってきて、薬を手に置き、それを見ていました。どうしても、飲む気がしなかったからです。医者のすすめどおりに薬を飲めば、その日はぐっすり眠れたのかもしれません。疲れが取れたのかもしれません。

けれども、僕はどうしても薬を飲む気になれなくて、ぼんやりと「さて、どうしたらいいのかな」と思っていました。

「仕事が忘れられるような、現実から少し離れられるような、ストレス発散とでもいうようなことをしてみたらいいかもしれない。でも何がいいのだろう」と思いをめぐらせていたときに、ふと頭をよぎったのが、「ちょっと走ってみようか」ということです。

ちょうど、四三歳の冬でした。

第1章　300メートルから3キロへ

走り始めたのは……

「ちょっと走ってみようか」という、思いつきに似た軽い気持ちにのって、その日、初めて衝動的に走り始めました。

準備体操をしたり、走り方を学んだりするよりも、ともかく自己流でかまわないから手足を動かして走ってみたのです。

家を出発すると、すぐに多摩川べりに出ます。そこから、土手に沿って走ってみました。

驚いたことに、ぜんぜん走れないのです。

３００メートルくらい走ると、つらくて思わず止まってしまいます。しばらく休んで、また走り始めますが、やはりつらくなり立ち止まってしまいます。これではとても走っているとは言えません。

しかし、久しぶりに、本当に心地よい汗をかいたのでした。

「ああ、体を動かして汗をかく——そんな簡単なことを、僕はずっと忘れていたのだな」

と心から思いました。もうひとつ、「自分の体力が、ここまで落ちているんだ」ということにも、びっくりしました。

もともと僕は運動が好きでした。スポーツは日常的なものでしたから、四〇を越したこの歳になっても、体をこんなふうに動かして走ればいいというイメージを覚えていました。ですから、突然「走ってみよう」と思いたったとき、どんなふうに始めればいいのか、本や雑誌で調べることもなく、スタートできたのだと思います。

そうなのですが、なんと！　自分ができて当然と思っていた、「走ること」が、まったくできなくなっていたのです。もっと歳をとっていたなら、それも仕方がないのかもしれません。けれども僕はそのとき、まだ四三歳です。自分のイメージどおりに体が動かなかったのには、正直に言ってほんとうに驚きました。

「自分の運動能力はこんなはずじゃない」とは思いましたが、とにかく夢中になって走って、汗をかいてみたら、そのおかげで気分がすっきりしたのです。しばらく感じていなかったような気持ちよさだったのでした。

とてつもないストレスを背負って心身がともに悲鳴をあげているとき、医者から処方された薬を飲んで自分の状況を立て直すというやり方もあります。けれども、それは根本的な治療とは違うのだろうな、そう直感的に思いました。それに比べると、ともかく走ることはこんなに爽快なのだから、悪いわけはないだろう——そこで僕は、しばらくこれを続けてみようという気持ちになっていました。

誰にも相談せず、走り方の教則本をのぞいてみることもせずに、ひとりでちょっと歩いたり走ったりする、そんなことを始めてみたのです。

すがすがしい疲れ方

そういう走り方では、「走っている」と言っても、走れていないも同然です。僕には、それもわかっていました。けれども、気持ちがいいのだから、気が済むまで走ればそれでいいと割り切って考えていたのです。

当時は「走っている」と言えるほど走っていたわけではなくて、せいぜい距離にしてきっと3キロ程度を三〇分ほどで走っていたのではないでしょうか。いや、走ることですらなく、走ったり、歩いたり、走ったり、歩いたり……を繰り返しているだけ。それが最初、始めたばかりの僕の走り方でした。それでも、心身ともに追い詰められていた僕にとっては、気持ちのうえでとても効果的だったのです。ふだんの仕事で、神経をすり減らして、くたくたに疲れるのと違う疲れ方、すがすがしい疲れ方を感じることができたからです。

もちろん仕事を替えたわけではありませんから、とても忙しかったのは、変わりありません。けれども、走る前後の時間を入れても一時間弱ですが、毎日走りました。その時間は自分にとって必要不可欠だと感じていたので、早朝や夜の時間をやりくりして、走る時間を作りました。

毎日走る

初めて走った日はそんなぐあいで、まったく走れないところからスタートしたランニングですが、毎日走っていると、少しずつ体力がついてくるものです。始めて間もないころは300メートルが精いっぱいだったのですが、そのうち、止まることなく500メートル走れるようになって、さらに1キロ走れるようになっていきます。たんたんと走り続けると、少しずつ距離が伸びていきました。

走って汗をかく、それは気持ちいいのですが、それでもやはり、走るのはつらいのです。苦しいのです。息は上がりますし、走った後には筋肉痛もあります。

「そんなことをして楽しいの？」と問われると、楽しいという感じではないのですが、ただそれでも、本能的に走るのを止めてはいけないとわかっていました。そのときの自分にはランニングは絶対必要で、続けていないと自分の抱えている問題を根本から解決することができない、という気がしていたのです。体が内側からそう言っているような気がしました。その言葉にしたがって、毎日、必ず走りました。

もちろん走り方にもよりますが、1キロを途中で休むことなく、ふつうの自分のペースで無理なく走れるようになるまで、一カ月くらいかかったと思います。そこまでの一カ月は、雨の日も疲れた日も、ともかく毎日走りました。

当時の僕にはそれが必要だったのです。

3キロをめざす

最初に1キロを無理なく走ることができると、次はもっと距離をのばして、3キロを目標にしました。それまでと同様、たんたんと毎日ひとりで走り続けているうちに、二カ月くらいで走れるようになりました。

3キロを走りきることができたときの喜びは大きいものでした。1キロを走りきったときよりも、ずっと達成感と充実感がありました。さらに、それなりの長い距離を走ることができるのだという自信がついてきたものです。

僕が走るコースはいつも同じでした。同じコースを走ると、だいたい自分が止まりたくなる位置の目星がついてくるようになります。つまり、「このへんでつらくなってくる」と感じるポイントができてくるのです。

けれどもある時から、いつものポイントにさしかかっても平気で走ることができて、つらくなるのが少し先になるのです。3キロを無理なく走れるというのは、そのように「つらくなるポイント」が少しずつ後ろへずれていくことです。昨日よりも今日は疲れが出てくるのが後になってくる、それを何度も繰り返しているうちに、いつの間にか3キロを走れるようになっています。

億劫な気持ちを克服する

「走ること」は自分にとって必要不可欠だと頭ではわかっていても、じつは家を出るときには億劫だなと感じることがあります。一度、家を出てしまえばあとはもう、走り出すしかありませんし、走り終われば心地よい疲労が待っているのはよくわかっていますが、着替えをしている最中などは「面倒だな」と感じたりしています。

どんなに速く、長く走れるようになっても、この億劫さはついて回るものです。じつは、この億劫という気持ちは、ランニングに限らず、仕事の場でも暮らしの習慣でも、どんなときにも顔を出します。何か新しい物ごとに取り組むとき、出かけていかなくてはならないとき、やらなければならないのに、後まわしにしたいな、とか、力をぬいてしまいたいな、という感覚。そういうことは、皆さんにも思い当たるでしょう。

僕も、ふだん、行なうことすべてがスムーズに始められるかといえば、けっしてそうではありません。ある種の勇気というか、自分で自分を奮い立たせて、「えい！」と勢いをつけて踏み出さなければ、最初の一歩を踏み出せないことがよくあります。

億劫な気持ちは厄介ですが、当然のもの。だからこそ、それを振りきるように、自分のやりたいことをやりぬく。意識的にがんばる必要もあるということです。

毎日、一歩を踏み出すことができている自分がいれば、ほかのことを億劫に感じる自分に対して、少しは気持ちが強くなるでしょう。「億劫なことくらいいくらでもある」と自分に言い聞かせ、毎日走ることを習慣にしてしまう。それはある種の自分の力になります。

あるいは、お風呂に入るのと一緒だと思うのはどうでしょう。お風呂に入るのは面倒くさいこともありますが、入れば「ああ、よかった！　すっきりした」となります。お風呂と同じなんだと言い聞かせれば、少しは走り出す勇気が出ませんか。

必ずあとで、「よかった！」と思う自分が見つかれば、億劫な気持ちに負けず一歩を踏み出すことができます。仕事においても同じで、「えい！」と思いきって始めたおかげで、今日は少し進めることができてよかった――そう思うと、うれしいものです。

成長は積み重ねによって

もうひとつ、「走ること」を通して、この時期によくわかったことがあります。

日々――毎日でもいいですし、二、三日おきでもいいのですが――自分が続けてやっていることは積み重なり、いつか必ず、何かしらの成果として表れるということです。それは手ごたえであったり、実感だったりという感覚的なもののこともあるし、数字などで示される客観的なもののこともあります。

走ることに限らず、毎日の食事でも、小さな仕事でも、人間関係でも、日々それを続けていくというのはとても大事なことです。続けるということは、物ごとを点ではなく、線になるようにしなければならないということなのです。

一回で終わりにするのではなくて、必ず次を作って、少しずつでも続けていかなければ結果は出ません。

仕事でも人間関係でも、暮らしのなかのささいなことでも、そのつどそのつどで、ぷつんぷつんと切れて終わっていることは意外に多いものです。途切れているものは、何もやっていないのとは違いますが、何かとつながることはありませんし、積み重ねにもなりません。ですから、成果としては結局、何も得られないのです。ただ、自分がそれをやったことがあるというだけの満足感だけで止まってしまいます。

何かの成果がほしければ、時間がたつにつれて、関係性が深まるとか、広がりが出てくるとか、深くつながることができるように考えたほうがいいと思います。一回だけのできごとはある意味、簡単なことなのです。積み重ねがないと結果が出ませんから、経験は時間に流されて消えていくだけです。一生懸命やったことが、こんなふうに消えていくのは、とても残念なことです。そうとわかっていても、物事を続けていくのは難しいものです。

これに気がついたとき、「あっ、そうか」と腑に落ちるような気がしました。「走ること」ばかりでなく、すべて何でも、積み重ねをしないといけない。続けることが大事なんだ、と。

継続こそちから

ＳＮＳやインターネットが発達した今の世の中の仕事は、積み重ねになっていないことだらけです。情報はすべてタイムラインとして流れていくだけで、そのなかで、いろんなプロジェクトを企画したり、事業を始めてみても、ほとんどが点を打つような作業に終わり、なかなか線になりません。自分が行なったことが、時間といっしょに積み重なっていき、それが成果を生んだり、広がりを見せることがなかなか難しい時代だと思います。

けれども、なかには点で終わるのではなく線を描くように、積み重ねを作ることができている会社や事業もあります。その会社や事業がどのように仕事をしているのだろうと注目すると、必ず、ひとつの成功が次の成功を生むようなかたちで、少しずつ成長しているのです。物ごとは線で考えないとかたちにならないという証拠だと思います。

そのころの僕は、毎日走っていました。点ではなくて、線を描こうと意識していたわけではありませんが、一日休むと、ゼロからやり直しになると考えていました。それは、少々極端な考え方だったのかもしれません。せっかくここまで二カ月間、毎日休まず走ってきましたが、たった一日休むことで、その積み重ねが全部なくなってしまう——そういうことになるのだと思っていました。

これを行き過ぎた考え方だと思いますか？　僕はそうは思いません。日々の習慣ができたなら、その習慣は続けるべきなのです。継続こそちからなのです。

走ることも同じです。毎日ではなくて、一日おき二日おきでもいいのですが、継続して走ることを習慣にして、規則的に走ることが良いに決まっているのです。

人間の体は面白いもので、一日休むと次の日はさらに始めるのがつらくなります。続けていることは一度止めると、すぐに元のゼロに戻ってしまう――これは真実です。そしてもう一度、かつて築き上げていたところまで戻すのには、時間がかかるのです。

自分を苦しめる必要はありませんが、時には少しがまんをしたり、チャレンジしながら、習慣として続けなければ、物ごとはかたちになりません。ともかく休まずに続けなければ、成果が出ることもないという事実は、走り始めて改めて実感したことです。

結果は直接的には見えない

走ることは自分の訓練になるし、自分自身を知ることにもつながります。僕は強靭な精神の持ち主というわけではありませんが、走るという習慣を通じて自分の強い部分や弱い部分に向き合ってきました。できれば習慣などふやしたくないと思っている人のほうが多い時代ですが、走るという習慣をひとつだけふやせば、何かを学ぶことができると思います。少なくとも、ひとつでも習慣をふやせば、それだけ自分と向き合うことがふえるからです。

学びの機会がふえるからと言って、日々、その自覚があるわけではありません。人間は昨日より今日、今日より明日、と少しずつ成長していくものです。それは、はっきりしたかたちとしては見えにくいかもしれませんが、「一年前の自分とはなんとなく違う」という気持ちが自分のなかにも芽ばえるはずです。怒らなくなったとか、性格が穏やかになったとか、ここが変わったという目に見える具体的な変化はありませんが、走る前の僕と今の僕はまったく同じかというと、けっしてそうではないと自分でも思います。

たいていの人はプロのランナーではありませんから、一日中走っているわけではなく、ほかにも仕事や読書、家事などいろんなことをしながら生きています。それらが互いに作用して、気づきや学びがかたちになっていくのでしょう。それが成長です。走ることも、成長を促す大切なひとつの要素なのだと思います。ただしひとつの要素にしかすぎません。

ライフスタイルのなかに取り入れることで、ランニングも読書や仕事や家事などと同じように積み重なり、ほかのものと化学反応を起こして、ゆるやかで豊かな心の成長をもたらすのだと思います。

自分を知る時間

着替えを済ませ、靴を履き、表に出る。軽くストレッチをして、ゆっくりと走り出します。さあ、そこから先はひとりだけの時間です。

話は変わりますが、僕たちは意外にひとりになる時間がないと思いませんか？　会社では職場の同僚、家に帰れば家族、たいてい誰かと一緒にいます。けれども、走っている時間は、誰とも一緒ではなくて、たったひとりきりになる時間です。しかもその時間は、走ることに集中する時間ですから、現実のさまざまなことを忘れることができます。

走りだしてからしばらくすると無心になることができて、それが僕にとっては、ある種の精神的なよりどころになっていました。

僕にとって、「ひとりになる」というのはよいことでした。この「ひとり」ということが、ある種の精神的なレッスンになったのだと思います。自分とゆっくり向き合い、自分自身を知る時間です。これについては、第3章でもう少し詳しく述べたいと思います。

カフェに行く感覚のランニング

マラソン、ジョギング、ランニング……呼び方はいろいろありますが、走り始めた人にはたいてい、「身体を鍛える」、「タイムを縮める」、「大会に出たい」、時には「痩せる」、「健康のために」などと、なんらかの目標があるようです。その目標を達成するために「根性」を持ち、がんばらなければならない。「走る」ということは、目標を達成するための義務感や努力が欠かせないもので、苦しいものであってもそれは当然のこと——そう多くの人が考えているのではないでしょうか。簡単に言うと、体育会系のきびしさが背景にあるのです。

でも僕は、それに、違和感があります。

どんなふうに練習しようか、どんなふうに走ればいいのか、本を読んだり、人に話を聞いたりして、予備知識をつけてからランニングを始めていたら、おそらく僕も「体育会系のランニング」を走ることになんの抵抗も持たなかったと思います。そして、努力を重ねて、苦しみながら自分の目標を達成していくことに、走ることの意義を見いだしていたかもしれません。「根性がなくて走れるか！」と。

でも幸か不幸か、衝動的に走ってみたら気分がよかったので続けてみようという、そんな気楽なスタートを切ったおかげで、根性や努力とは縁のないランニングを楽しむことができたのだと思います。

タイムや距離、体重の増減などといったことを気にせず、「気持ちがいい」、「リフレッシュできる」という快感を味わうことができたおかげで、長く続けることができたのでしょう。

休日に、おいしいコーヒーと気持ちのよい空間を備えたカフェに行って、のんびりすごすとリフレッシュできた気持ちになるでしょう。まさに、僕にとっては、ランニングもそんな気分転換のひとつの方法だったです。

失敗こそ学びである

3キロという距離を、止まらずに走りきることができるようになったころ、初めて靴もウエアもランニング用のものに替えました。

ランニング用の靴やウエアといっても、どんなものがいいのかわかりませんし、ひとりで走っていた僕には周囲に尋ねることができる人もいなかったので、自分の感覚で選びました。

そのころに買ったもので、今でもよかったと思えるものは、正直に言うと、ひとつもありません。でも、それでいいのだと思います。勘だけをたよりに買い物をしても、良いものなんて手に入れられなくて当たり前です。ランニングについて何も知らないも同然の僕が揃えたもので、満点のものなんて一〇〇パーセントありません。

でも、「これは違ったな」という失敗を繰り返すことで、次第にどういうものが必要なのかわかってきます。自分でスポーツ用品店に行って、たくさんのものを見て、考えて、「これでいいだろうな」と思って買って、使ってみたけれどぜんぜんダメだったという繰り返しでした。けれども、この一連の経験も大切だったのだな、と今ではわかります。

「ああ、こんなものにお金使っちゃった……」と、失敗をして、初めてそこで学ぶのです。失敗という経験をしないと何も学べないものです。それはけっして無駄ではありません。失敗しないために調べて、一番いいものを手に入れる――それは賢いのかもしれませんが、失敗をしないというのは残念なことです。学びの機会がないからです。

僕の場合は、実際に靴選びもウエア選びも失敗して、さんざんでしたが、そこから実践的な知恵になったこともたくさんありました。

初めて怪我をした！

自分なりに「走れる」という手ごたえを感じ始めていたころ、つまり衝動的に走り始めて一年くらいたったころ、初めて故障を体験しました。

ある日、くるぶしの内側が痛くなりました。けれどもランニングを休みたくないので、走り始めましたが、傷みは慣れてくるどころか、次第にひどくなり、しまいには足を引きずらなければ歩けないくらいになってしまいました。

病院に行ったら「有痛性外脛骨ですね」と診断されました。スポーツをする人にはよく起きる怪我で、足の内側に突き出た小さな骨が炎症を起こすトラブルです。炎症の原因はランニングに限らず、いろいろあるのだそうですが、僕の場合は、走り方が悪かったせいで発症したのです。

思い切り走れればいいと割り切っていたせいもありますが、フォームは自己流で、靴も自分には合っていなかったようです。そもそも「正しい走り方」があるなんて思いもしなかったのです。そんな状態で1キロだ、3キロだ、と走っているのですから、毎日走ることすら、じつは良いことではなかったのです。それを一年間続ければ、足にはそれなりの負担がかかりますので、怪我は当然の結果だったとも言えます。

怪我が治るまでのあいだ、一カ月半くらいは、まったく走れませんでした。それまで毎日走っていたのが、突然、しかもそれなりに長い期間走れなくなったので、僕はとても落ち込みました。それまで、自分なりに培ってきた体力やランニング的な感覚とでもいうものが、走る前のふりだしに戻ってしまうと思ったのです。

急がばまわれ……

そういうとき、人は考えます。「なぜトラブルが起きたんだろう」、「自分は何も間違えていないはず」と。けれどもどんなときでも、「トラブルの原因は、自分にはない」ということはないのです。ランニングで怪我をしても同じです。これが仮に仕事や生活の上のトラブルだったら、多少は自分以外の誰かの責任にすることもできるかもしれませんが、ランニングに関しては、自分以外の人にはなんの関係もありませんから、原因のすべては自分ひとりにあります。

なぜ怪我をしたのか、それは自分としっかり向き合って、自分で考えるしかないのです。そのとき僕も初めて、今までしていたことを振り返り、根本から見直すことができたのでした。

何が悪かったのでしょうか。

矛盾するようですが、まず最初に、毎日走っていることが良くなかったのです。自分の気持ちの上ではそうせざるをえなかったのですが、それはたんに、足に無理を強いているだけでした。僕のような初心者ランナーの場合、走るのは二、三日おきくらいでよいのです。痛い思いをして、それがようやくわかりました。

ふたつめに、フォームが悪かったのです。自己流で走っていた僕の姿は、きっと脚をバタバタさせる、いわゆるおばさん走りでした。冗談にも「走っている」とは言えないフォーム。正しい走り方が身についていない人がやみくもに走ると、こういう走り方になってしまいがちです。けれどもそんなことは誰も教えてくれません。自己流の悪いフォームを改めずに走り続けていたので、結局、故障してしまったわけです。

みっつめに、初心者の場合、走るのではなく、歩くことから始めるほうがいいのです。ただ歩くのではなく、正しく歩くのです。具体的には3キロウォーキングが良いとされていて、少しずつ速く歩くように心がけて、やがて走る、というのが本来、人間に適した一番いいランニングのしかただったのです。

僕はせっかちですし、なんとなく想像力も働くので、いろんなプロセスを飛ばして物ごとを始めてしまうことがあります。けれども、それではやはりいけないのです。そこで初めて納得しました。

ほかにも、走る前には自分に合ったコースを考えたり、ストレッチをしたりして、慎重に走り始めることの大切さを学ぶことができました。アキレス腱を伸ばしたり、手足をほぐしたりせずに走り始めたり、体の準備が整っていないのに突然本気で加速したりすると不必要な負担がかかりますから、下手をすれば事故や故障するという目に遭うこともあるのです。

仕事においても、暮らしのなかでの自分の取り組みにおいても、みな同じ。本来踏まなければならないプロセスを飛ばして、いきなり結果にあたるところだけをやったなら、トラブルが起きて当然です。何かを始めるときは、あらかじめどんな手順を踏むのがいいのか、何を揃えておけばいいのか、よく考えて手を打っておくことで、ある程度スムーズに進めることができるのだと思います。そんなふうに慎重に進めても、困ることが起きてしまうということは多々あることですが、それでも物ごとはプロセスを踏んで進められれば、それ以上のことはありません。

まだまだ学びはたくさんある

さて。ひと月半ほどランニングはおあずけ状態でしたが、そのあいだは、走らなくても睡眠障害などはありませんでした。走り出した当初に抱えていた追いつめられた気持ちは、いつの間にかすっかりなくなっていたのです。

仕事は相変わらず大変でしたが、自分でも少しラクになったなという実感がありました。ランニングの練習方法を間違えて怪我をしましたが、直感的に、「走ろう！」と思ったことは間違いではなかったようです。走ることで、自分の仕事に対する姿勢や暮らしに対する姿勢の、ひずんでいた部分をうまく整えることができたのだと思います。

また、ランニングは続けることで成果が出るので、それが自信につながります。たった300メートルしか走れなかった自分が、3キロ走れるようになる。ものすごい成果でしょう？　とくにランニングは、自分の変化が目に見えてわかるので、達成感もあるのです。

休んでいる期間中は、専門書を読んだり、インターネットのサイトを見たりして、「走ること」に必要なことを勉強しました。今まで誤った知識や思い込みにこだわっていたことがわかり、じつは自分が何も知らなかったのだと痛感したのもこの時期でした。

とにかく無理をしない。もしも痛みを感じたら必ず止まる。そして、歩くことから始める。

しっかり休んで、だいぶ足がよくなったころ、もう僕は走りませんでした。ウォーキングで一からやり直したのです。

僕のランニングは、有痛性外脛骨になったおかげで、正しい走り方へと変わっていきました。

ランニングのギアについて

ランニングウエアは、今は手軽な値段で、良い品質のものがたくさん売られています。ユニクロなど、スポーツウエアの専門店でなくても、いいものがあります。ウエアは、必ずしも、高いから良いというわけではありません。また、それほどウエアの機能にこだわる必要もないと思います。

いろんなランナーを見ていますが、自分の走りをよく知っている人は、それほどウエアにこだわっていません。なぜなら、ウエアはひんぱんに洗濯機にかける消耗品だからです。その人が自分の価値観で選んだものならば、なんでもいいのだろうと思います。

けれどもシューズについては事情が違います。自分のサイズに合わせて、正しく履くことがとても重要です。

ランナーの多くが、自分に合ったシューズを選んでいないと思います。僕も最初はそうでしたが、たいていの人が大きすぎる靴を履いています。店頭できちんと測ってもらっても、そのサイズを履かない人が多いからです。シューズは小さすぎるのが一番の問題であり、少しくらい大きいぶんには調整できる、そんな変な意識があることも確かです。

ですから自分で判断してシューズを買うと、たいてい少々大きめのものを選んでしまいます。そして靴ひもも、ただ終わりのところできつく結べばいいと思っています。でもそれは間違っているのです。

シューズを選ぶときは、まず必ずサイズをお店の人に測ってもらって選ぶことです。オーダーというのではありません。どんな靴屋さん、スポーツ用品店でもサイズを測って、足に合っているものをすすめてくれますから、それを試しに履いて決めます。

ところが、何十年も靴を履いて生きていますから、自分なりの「このくらいがちょうどいい」と思う感覚があるのです。いくらお店の人が、「それは合っていませんよ」と言っても、「いや、僕はこれでいいのですよ」という感覚です。そして、みんなそれを変えたくないのです。

当然のことですが、本当は客観的に測って、自分の足のサイズに合ったシューズを履いたほうがいいのです。ここは、お店の人の意見を聞くべきなのです。

ひもの結び方もそうです。締めつけすぎず、ゆるすぎず、こんな感じが一番ラクだな、というところで結んでいましたが、それが必ずしも正しいとは限りません。八年間ランニングを続けている僕も、ひもの正しい結び方を知ったのは、ごく最近です。

正しいシューズの選び方と履き方

ランニングシューズの場合、ふだん自分が履いているスニーカーよりも2サイズぐらい小さいものがジャストのサイズです。そして、靴ひもを結ぶときはただ締めるのではなくて、包み込むという意識で締めることが大事です。シューズは足全体を包んでいるものだからです。

履くときには、つま先からみっつめぐらいの穴までひもを外してから足を入れ、包み込むようにひもを締め上げていきます。シューズを履くたびに、ひもを穴から外して締め直すのが理想です。ひもを穴に通して、足のかたちに合わせて両サイドから包み込むようにする。締めるのではなくて、両サイドの生地を持ち上げて、生地を真ん中に合わせて引っぱり直す感じです。

上だけきつめにひもを締めて、中間やつま先をゆるくする履き方をしている人がいますが、それはあまり良い履き方ではありません。

またソールが厚すぎてクッションがききすぎているシューズは、跳ねすぎて疲れますから、僕は避けたほうがいいと思っています。ソールは足が受けるショックを吸収してくれますが、そのぶん強く足の力で蹴り上げなければなりません。ソールが厚すぎるシューズで走るのは、たとえればマットの上を走っているようなもので、体力の消耗が激しいのです。ですから、ソールが厚いシューズでは長い距離は走れません。

とはいうものの、衝撃の負荷を考えると、ソールが薄すぎるのも考えものです。だからこそ、自分に合うものをいろいろと試してみたほうがいいのです。メーカーによってソールも足型も異なりますから、必ず試着してみて、しっくりくるものを選ぶといいと思います。

ランニングが習慣になっている人にとって、シューズは消耗品です。ソールはどんどん減るので、逆にハイエンドなものを買う必要はないと思います。ただ自分に合うものを選んでいるだけです。また、一度に何足も買い揃えたりはしません。一年間アスファルトの上を走っていれば、だいぶソールが減り、たいてい買い替えることになります。

素直な人

靴のサイズの選び方が好例だと思いますが、自分がいいと思ってしていることは、たいてい、じつはそんなに良いことではありません。

よほど困ったことが起きないかぎり、たいていの人は自分の考えややり方を変えませんし、変えたくないのです。「私はいいんだ、これで」と言いますが、けれども、実際には、それでよいわけがありません。

人のアドバイスを受け入れることができる素直な人、「もっといい方法があるかもしれない、自分の考えは浅はかだから」、いつもそう思っている人は、すんなりと自分のやり方や考え方を手放すことができますが、これはとても大切なことです。自分ひとりの力や経験は限られたものですから、新しいことを吸収したり、ずっと伸び続けたいと思っても、すぐに限界が来てしまいます。僕は九年くらい走っていますけど、その九年のあいだ、走ることで、いくども自分の浅はかさを思い知らされてきました。こんなことも知らなかった、自分はなんと愚かだったのだろう、と。そのたびに、人のことばに耳を貸して、今までの自分を捨てて、再びゼロからやり直そうと思う気持ちを持てるかどうか、それが良い結果を出すためのポイントだと思います。ひと通り仕事はできるし、生活もきちんと営んでいる。そのための自分のスタイルを持っているのだから、レールを外れるようなことはしなくてもいいだろう。多くの人がそう考えているでしょうから、なかなかやり直すことはできません。

素直な気持ちで反省し、それまで自分が培ってきたものを手放して、やり直せる勇気がある人は、まだまだ伸びていくことができると思います。なぜなら、再び最初から物ごとを始める勇気によって、自分という人間の器を大きくすることができるからです。

素直な気持ちには、加速度がつきます。素直さは、さらに素直な気持ちを呼び込み、それが最終的には人間としての成長の大切な糧になるのだと、五〇歳を越えた今、よくわかります。

では、その素直とは、いったい何なのでしょう。

違う角度で考えてみましょう。たとえば、何かを始めることはそれほど難しいことではありません。でも、それを続けることは難しい。それはなぜでしょう。続けるために必要なのは、じつは「根性」などではなくて、最低限の「知識」とか「知恵」など自分が身につけた素養だと思います。それを大事にしなければなりません。それが素直さを作るからです。

素直な人は、しなやかに成長していきますし、どんどん自分の世界を変えていきます。さまざまな境界を自由に越えて、違うフィールドに歩みを進められる人を僕は心から尊敬しますが、心が素直な人は、勇気を持って世界を広げていきます。

「走ること」は身体のトレーニングですが、結局は、心のレッスンにもなっているようです。なぜなら、走ることにおいては、素直であることが強く求められるからです。

失敗の経験が大きな宝物になる

もともと僕のマラソンは、心が相当疲れて、耐えられなくなったために始めたものでした。体力をつけたくて始めたわけではありません。体力をつけたいというのは物理的な問題、外的な問題でしょう。そうではなくて、僕にとって、「走ること」はもっと内面にかかわる問題だったのです。なぜ、医者から処方された薬を飲むのではなく、走ろうと思ったのか、そして、「毎日走る」ことにこだわったのか――それは、自分自身のなかにある目に見えない部分を整えることで、疲れきった自分をリカバリーしようと、本能的に思ったからなのでしょう。今ではそれがよくわかります。

「ランニングを始めるならば、なぜもっと調べなかったの?」、「走る前に誰かに聞けばよかったんじゃない?」、人はそう言いますが、僕はあらかじめ誰かから教わるのではなく、自分で試して、とことん失敗したいのです。失敗することは、けっしてこわいことではありません。

逆に失敗の経験は、大きな宝物になります。失敗しない人生なんてつまらないと思います。もちろん僕には、何かを成し遂げたい気持ちは人並み以上にありますし、目標にしている自分の姿もあります。けれども、なんの失敗もせずに、そこに到達できるなんてことはけっしてありえないとわかっています。何回も失敗をするとか、さまざまな障害を乗り越えなければ、自分が思い描いている姿にはなれないだろうと信じているのです。

わざわざ知っていながら失敗を犯すわけではありません。つまりそれは、失敗を恐れない、ということの大切さをよく知っているということなのです。失敗を防ぐために何かに依存するのをやめたいのです。失敗をしないためにどうしたらいいか、それにこだわりすぎると、次第に自分の判断で物ごとを行なうのがこわくなって、何もできなくなります。事前にいろいろ調べたあげく、自分には無理だということになりがちでしょう。

では、失敗を恐れずに始めるためには、いったい何が必要なのでしょうか。もちろんそれは人それぞれなのでしょうが、まずは初期衝動で動いてみることだと思います。それだけではうまく行かないこともあると自覚しながら、その初期衝動を大事にして、次の一歩を踏み出してみることです。当然のことですが、動けば大小の失敗が生じるでしょう。その失敗の轍を踏んでこそ、いろんな道が見えてくるというものです。僕はそれを「走る」ということで、さらに実感したのだと思います。

あえて向き合う

不便なところや欠点にいち早く気がつき、解決することで、プラスを生み出す――そういう発想をする人がいます。もちろん僕もそう考えることもあります。ただ僕は、その際、不便や欠点というマイナスな部分を排除しようとは思いません。僕は不便なところを避けず、あえてそれに向き合ってみます。そういうところにこそ、さまざまな学びやアイデアの種が潜んでいることを知っていますから、大事にしたいと思うのです。

汚れた水がどのくらい汚れているかは、あえて汚れた水のなかに手を入れてみないと、わからないものです。それが物ごとを知ることであり、よりよく知るための秘訣です。実際に汚れた水に触れることもしないで、「この水は汚れている」と言っている人は、その程度で止まってしまった人です。どのぐらい汚れているかは、やはり身をもって知る以外にないのです。

間違えたことや負担の多いことを続けていると、人にはいろいろと負荷がかかります。やがて体が故障したり、モチベーションが落ちたりすることもあるでしょう。走ることも同じです。実際にやってみなければわからなかった、自分なりの学びや、得られたことがたくさんありました。走るとつらい、疲れる、面倒くさい、大変……そういうマイナスな部分と真正面から向き合うことも必要なのです。

火は危険だから近寄らない、ナイフは指が切れるから使わない――そんなふうに、せっかくの経験を避けてばかりいたら、いつまでたっても人間は成長しません。やけどをして知る火の危険、指を切ってはじめて知るナイフの鋭さというように。

ランナー体型になると見えてくること

いくらランニングを続けていても、じつはつらさはなくなりません。走っていて、つらいことはつらいのです。しかし、三年ほど続けていると、苦しさはなくなってきます。息が上がったり、疲れたりするのは体力的な苦しさですが、ここで言っているつらさというのは、どちらかというと心の問題です。心に起こるつらさは、いくら走り込んでも、ずっと続きます。

体力的な苦しさがなくなっていくのは、体が変わってくるからです。筋肉のつき方が走る人のそれに変わり、いわゆる「ランナー体型」になってきます。背筋や腹筋がつき、贅肉がそぎ落とされてくるのです。体ができ上がってくると、「走ること」自体がいろいろな意味で変わってきます。さらに情報の収集の仕方やランニングについての考え方も変化してきます。

たとえば、客観的にほかの人を観察できるようになってくることが変化のひとつです。走っている人を見て、「なんで、あの人はあんなに気持ちよく、楽に走っているんだろう?」とか、「あの日の走りと、今日の自分の走りは、何が違うんだろう?」などと考えることができるようになります。さらに人の走り方を見て、いろいろ試行錯誤するようになります。僕の場合、「バタバタと音をたてて走るのではなくて、静かに、力を入れていない状態で走るのがいいのだな」と気がついたりしました。

街を走っていると、たくさんのランナーを目にしますし、なかにはかっこよく走っている人がたくさんいます。そういう人を見ていると気がつくことがあります。背すじが伸びているな、歩幅が広いな、体が開いているな、など。自分と比べてみると違うので、真似をしてみます。そういうふうに走るにはどうしたらいいかあれこれ試してみます。つまり、走りながら、いつも誰かを見て学んでいるのです。

自分を変えることを恐れない

そう考えると、「学び」とは、自分が素敵だと思うもの、自分が感動するものを、どのくらいたくさん今日という一日のうちに見つけられるかということとかかわるようです。「ああ、いいな」と心が動くものを見つけたときには、どうしたら、自分もそういうふうになれるのか考えますから。それは素直な気持ちを持っていないとできません。スマートフォンの画面を見ながら歩いていたのでは、そもそも「いいな」と感じるものがあっても気がつかないでしょう。

何度も繰り返しますが、自分を変えたいと思うかどうかがポイントです。人はみな、じつは自分が大好きだから、心のうちでは変わりたくないと考えているものです。「もっと自分を変えたほうがいいよ」とアドバイスされても、いぶかしく感じるだけでしょう。「このままで幸せなんだから、いいでしょ」、

「このまま放っておいてくれ」と。とくに歳をとると、積み重ねてきたものが多くなるぶん、さらに素直になれないのです。

けれども、自分という人間にはまだまだ伸びしろがあるし、まだ自分が知らない心地よさや幸福があるに違いない、と想像することで、小さな気づきを受け入れられればいいと思います。

素直になれない、気づきを受け入れられないことは、慢心とも言えるかもしれません。僕に照らし合わせてみれば、「これが僕のやり方だ」と毎日走っていたすえに、故障してしまったことが、自分を変えるきっかけになりました。

そこで気づきが生まれたのですが、肝心なのは、気づきを素直に受け止めたことで生まれる変化のほうです。今の自分をもっと変えていきたいと思う――それは生きる原動力になりますし、良い人生の根本にかかわることです。

「自らの意志を貫く」というのは、ある種の美学のように思えますが、今の僕はそういう心境にはなれません。僕は、まわりのことは気になるし、人の意見も聞きたいし、自分をどんどん変えていきたいです。

周囲の人から、「昔と変わったね」とよく言われます。そのことばは、時には悪い意味のこともありますが、気にしません。そんなふうに言う人は、自分が知っている僕じゃなくなったことが残念なだけなのでしょう。僕はどんどん毎日変わっていきたい。まだ見たこともない景色を見たいのですから、しょうがないのです。

三年後の自分をイメージする

「我慢」や「根性」を看板に掲げる体育会系のランニングと、僕が日々実践しているランニングとは違いますが、何年ものあいだ、走ることを続けられたのは、やはり、自分なりの理想や夢があったからだと思います。

ランニングを長く続けている人なら誰にでも、それぞれ目的や理想があるのではないでしょうか。たとえば、「身体の調子をよくしたい」、「痩せたい」、「速く走りたい」など。

その理想を現実のものにしようと思ったら、自分が変わるまでは、長い目で見守る覚悟をしたほうがいいのです。すぐに結果を出そうとしますが、実際にはそれは無理な話です。ダイエットを想像してください。一カ月で体重を5キロも減らせば身体をこわすでしょう。ランニングも同じで、長期計画で考えたほうがいいのです。難しいことほど、時間がかかるのは当然ですから。

何でもそうですが、短期間で手に入れたものは、すぐに失うことになります。たとえば一カ月で5キロ痩せた人は、すぐにリバウンドしますよね。あるいは一攫千金でお金を儲けた人は、あっという間に全部使ってしまうことになります。地道に働いてゆっくり貯めたお金は、そう簡単に減りはしません。最初から無理をせず、自分なりに目標をたてて少しずつ積み重ねていく。とりあえず、三年は続けてみることです。逆に、どんなことでも、三年程度は続けてみないと結果が出ないものです。

仕事も同じです。というよりも、仕事の場合はなおいっそう、中長期の計画を立てていかないと成功させるのはとても難しくなります。どんなことでも、成果を出すには、少なく見積もっても半年くらいはかかるものですから。

社会人であるならば、自分で考えて決めたことは最後までやり遂げる。ランニングもやると決めたら、自分なりに計画を立ててコツコツ続ける。一年後、二年後、三年後の自分をイメージして、長い目でやっていかないと続くものではありません。

学びとはどういうものだろう

物ごとすべてに学びはあります。それに気がつくか気がつかないかということが、素直かどうかということなのでしょう。

イライラしたり、怒ったりしているのは、起こったことを誰かのせいにしている証拠です。自分に起きていることは、すべて自分に原因がある。そのような限りない素直さと感謝の心が、あなたが次に行くべき道を教えてくれるのです。

　また、そういうふうに素直になれるあなたを見て、人は必ず助けてくれます。そう信じていれば、生き方も仕事も暮らしも変わってきて、やがて成果が出始めるでしょう。心も体も壊れそうだったあの日、衝動的に走り出して以来、九年間、ランニングをずっと続けてきた今、そういう気がします。

　僕の場合も「暮しの手帖」で成果が出始めたのは、四年目にさしかかるころでした。それは、自分がランニングを始めて、自分のライフスタイルのなかにごく当然のものとして存在するようになったころです。たぶんランニングがなければ、今の僕はいなかったのではないでしょうか。走ることが僕の仕事に及ぼしている作用は、語り尽くせないほどあると思います。

　ささいなことですが、走ることがあるから、いつも自分が機嫌よくすごせる、というそれだけでも、ずいぶんとよいことなのだろうと思います。

つらかったらやめればいい

ランニングは、自分にとって必要だからと納得できて、自分に合っていると実感できるなら、自然に続けていくようになります。

けれども、もしもつらかったら、がまんせずにやめればいいと思います。「決めたことだから」と、無理をして自分を追い詰めていく必要はまったくないのです。ランニング以外の別のことを始めたっていいではありませんか。

どんなことであれ、楽にできるものは何ひとつありません。けれども、本当のことを言うと、ちょっとがんばれば壁は意外に乗り越えられるものです。ランニングにかぎらず、ストレッチ、ウォーキング……、どれもそうでしょう。

僕がランニングを続けられるのは、五〇歳を越えた今、昨日よりも今日の自分を少しでも良くしたい、健康な体でなんにでも挑戦できる体力を保ちたいと思うからです。そのために走ることが絶対に必要なのです。そういう夢や希望を持っているから、つらいことも乗り越えることができます。

けれども夢や希望をかなえる力をくれるのはランニングだけではありませんから、何をやってもいいのです。自分に必要なもので、「自分でもできそうだな」と思うことを、あまり無理せずに続けていく。それが大切ではないでしょうか。

とはいうものの、走ることにはお金がそれほどかかりません。そして、人と一緒にやらなくてもいい。基本的には誰にでもできることだから、始めるのはラクだと思います。ゴルフに比べたら、はるかにハードルは低いのです。

第2章　7キロを45分で週3回

練習再開

有痛性外脛骨が完治し、ランニングを再開した僕は、3キロを歩くことから始めました。それから半年ほどの間は、走るのではなく速く歩くことに専念したのです。

ひと月半ものあいだ走ることから遠ざかっていましたから、体の勘も筋肉も心肺機能も、すっかり走り始める前に戻ってしまっています。またゼロから始めるのですが、今回は、基礎から自分で体をしっかり鍛え直そうと決めていました。

気持ち的には走りたくてしかたがないのですが、そこは辛抱。とにかく正しいフォームで早歩きをする、それだけに徹していました。実際には、スポーツの専門家の意見でも、筋肉の働きから見ても、精神的な側面から見ても、走るのによりも早歩きをするほうが体には良いと言われています。早歩きは、走るのに比べて物理的な負担が少ないわりには、身体トレーニングとしての効果が大きいのだそうです。

正しいフォームで速く歩くことは、ランニングよりもずっと簡単にできそうに見えますが、やってみるとすぐに、想像以上に難しいものだとわかりました。ひざや足首、足の付け根や腰によけいな負担がかかっていないか気を配り、どんな腕の振り、重心のかけ方をしたらもっとも無駄のない早歩きができるかを研究し、それを実際にやってみるのはかなり大変なことなのです。

よく、「俺も走りたいのだけれど」、「私もランニングを始めたいのだけれども」と意見を求められますが、「どんなに走りたくても、最初はウォーキングから始めないと故障しますよ」と答えます。

ゼロからやり直している今はウォーキングから始めて、次に早歩きをして、走るのはその後です。それ以外にしておくべきは、美しいフォームで走る人や、かっこいい走り方をしている人をよく観察することに尽きます。

ストレッチは自分で学ぶ

走り始めは、前屈運動や、アキレス腱を伸ばすなどの運動をして、軽く体をほぐしてからスタートしますが、走り終わると、必ず全身のストレッチを入念に行ないます。三〇分ほど時間をかけて、全身をゆっくり伸ばします。

もちろん自分なりのストレッチのやり方はありますが、それはとくに特別な方法ではありません。ランナーにはいろんなタイプの人がいます。痩せている人、太っている人、身体がやわらかい人、かたい人、走り慣れている人、初心者……。どのようなストレッチが効果的であるかはそれぞれによって異なります。そして当然のことですが、それは自分で学んでいかねばなりません。人の真似をすることには意味がないのです。ウエアやシューズ同様、ストレッチも人の真似をせず、自分のために良いものを自分で学んだほうがいいのです。

わからなければ専門家に聞いてみることも大事です。インターネットで調べると、ランナー向けのワークショップの情報がたくさん出てきます。

人の真似をしているだけでは、本当の学びは得られません。「それは、どうやってやるのですか?」、「どこで売ってるんですか?」と気軽に質問する人は多いですが、それでは何も身につかないのです。

たしかに、人から教わることは学びのきっかけになるとは思います。けれども、すべてを人から教わることはできません。なぜなら、何が一番いいのか、その答えは、人によって違うからです。自分で学んでみよう、いろいろ試してみようという気持ちにならないと進歩はありません。

ポイントは正しいフォームだった

ウォーキングを続けているうちに、「大事なことはフォームなんだ」とつくづく実感することになりました。けれども、自分が正しいフォームで早歩きできているかどうかは、練習ではなかなか客観的に観察できません。「ひじを後ろに上げる」、「体がぶれないように」、「姿勢が悪くならないように」などと、意識的に気をつけるしかありません。

大切なのは、まず、「自分はそれができていない」と自覚すること。そして、毎日、学んで、その変化を受け入れることです。

そうやって、ウォーキングを始めてしばらくたつと、故障をする前に走っていた自分と、圧倒的に違う自分がいるのに気がつくことになりました。この変化は自分でもわかるものです。体型が変化し、筋肉もついてきますし、体重も減ってきます。今までないくらい、走りやすい体ができているはずです。そして、何よりも走ることが、いっそう楽しくなってきました。

再スタートしたときは、フォームにこだわり、正しく歩くことから始めた僕でしたが、最近の走りを見てもらうと、「松浦さんのフォームは、いじるところがない」と言われます。これは少しだけ誇れることです。

自分の能力の限界を知る

ある程度、フォームが完成してくると、今度こそ、速く走りたくなってくるのです。

そこでいよいよ走り始めました。

3キロ、5キロ……と距離をどんどんのばしていきながら、1キロをどのくらいのタイムで走るのがいいだろうかと試行錯誤します。自分の限界を知るために、どこかが痛くなるまで全力で走ってみます。自分の限界を知るということは大事です。痛くなるまで走るといっても、走れなくなったら元も子もありませんから、慎重に走ります。けっして無理はしません。冷静な気持ちで、自分の体力や身体能力はどこまで持つのだろう、と見極めるためのタイム計測です。たとえばある速さで8～9キロ走ると腰が痛くなったとしましょう。そうすると、今は自分はその速さで8キロしか走れない体力なのだな、と限界を知ることができます。

そういうトライアルは、日々のランニングを計画するために、とても役立ちます。つまり、限界が8キロだったら、毎日5キロ走ればいい。毎日走ると故障するから、一日おきにしよう、あるいは二日おきにしよう――こんなふうに、自分にとって、どんな練習方法が一番いいのかを探すための指標になるからです。

怪我から復帰した僕の場合は、限界まで走りこんでみて、7キロを四五分で、週三回走る――これが自分にとって、ちょうどいいペースと頻度だとわかりました。ちょっと苦しいのだけれども、なんとか走りきれる、無理がないという感じです。

このペースで三年ほど走り続けていました。三年も続ければ、そのうち苦しさも無理もなく、なんの負担もなくこの距離とタイムで走れるようになります。それを週に三回くらいなら、ふだんの仕事や生活にも支障はでませんし、健康的に走れるのです。

そのようにして、走ることが生活になじんでくると、心が疲れた感じなどは、完全になくなります。そしてかつてはあったストレスのようなものが、自分からどんどん抜けていくのがわかります。汗もたくさんかくし、代謝もよくなります。

タイムや距離とは別に、そんなふうに自分が健康的に変わっていくということも、また、ひとつの走ることの楽しみなのです。

走ることで心身ともによい状態がキープされて、走りに適した体に変わってバランスが取れてくる――すぐにこうなるのは不可能です。繰り返しますが、少しずつずっと続けて、三年程度の時間は必要です。

タイムは縮まらない

距離やタイム、どのくらいの頻度で走るかは、それぞれの人で適当なものがあると思いますが、ここからは僕のケースをお話しします。

僕の場合、7キロを四五分で週三回、と決めて、たんたんと走り続けました。これは、ふつうより少し速めのペースです。

ところが速めのペースならば満足できる？　そうはいきませんでした。もっと速く走ることもできるので、そうしたくなるのです。いくら限界を見定めて、計画を立てても、タイムは気になるものです。きっと、誰もがみんな同じで、五分でも一分でも、ともかく少しでも速く走りたいと欲が出てくるのです。欲が出たのは、成長した証拠であるともいえるでしょう。

実際に、僕もタイムを五分縮めて、7キロを四〇分にペースアップして走ってみようとしました。けれどもその五分は簡単には縮まりません。五分くらいなら、と思いがちですが、なかなかできないのが現実です。7キロを四五分で走るのは、練習を積み重ねることで、するするとできたのですが、そこから先は同じようにはいきませんでした。格段に難しくなるのです。

安定して走れるようになったなら、次はつねに速く走るのを、自分の目標にするようになるのは自然の流れです。一分でも速く、一秒でも速く走りたい、いや、絶対に走ろうという気持ちになります。当然のことながら、焦りも出てきます。そのときの僕もまさにそうなっていました。今だからこそ話せるのですが、その当時はタイムに目がくらみ、自分を見失っていたのだと思います。

そこでまた故障してしまったのです。二度目の怪我。

今度は腰を痛めてしまったのです。

二度目の怪我

最初の怪我でほとほと懲りていましたから、体にはとても気をつかって、怪我をしないように十分気をつけていたつもりでした。怪我をすると走れなくなり、それがつらいのは誰よりもよくわかっています。身体の不調には慎重になっているのですが、それでも、ある程度、ランナーとしての自分の体ができあがってくると、思わず過信してしまうものです。「もう、昔の自分ではない」と。

昔の自分じゃなくて、「できる自分」になっている。どこに行っても、ふつうの人並みに走れるようになっている。だから、一生懸命速く走ろうと思うのは当然だろう、と。

そうしていたら、腰を痛めることになりました。腰を痛めると、それは、かつて患った足のトラブル、有痛性外脛骨以上に完治には時間がかかります。ランニングも、腰をだましだまし走ることになります。腰痛と言っても、いつも痛いわけではないのです。ですから走り始めるのですが、次第に痛くなってくるという感じなのです。

また、腰が痛くなると、それをかばうために、膝や背中など、体の別の部位に負担がかかります。腰に負担がかからないように少しずつ様子を見ながら走れば、一応、走ることはできるのです。けれども、実際には無理をしているので、さらに痛くなる。それを続けているうちに、今度は日常生活でも痛むようになってしまいました。

腰の不調が頭から離れず、思いきって走れないことから欲求不満に陥り、スランプのような状態になってしまいました。

そして気がついたこと「体幹」

走りたくても走れない。以前のように思いきって走れない。腰が痛い。すっきりしない。

そして、有痛性外脛骨を患ったときと同じように、自分に向かって問いかけるようになります。「なんで故障したのだろう?」、「何が自分に足りなかったのだろう?」、「正しくなかったのはなんだろう?」と。

再びランニングや健康、運動について、いろいろな本を読み、好奇心から勉強を重ねました。すると多くのものがこう言っていました。「腰が痛くなる人は、体幹を作り直さないといけない」と。

「体幹」?

そうか「体幹」だったのだ!　ここで僕は、自分の体幹が鍛えられていない、ということに気がついたのです。

「体幹を鍛えることで、疲れにくく理想のフォームを維持することができる」ともありました。

正しいフォームで歩こう、正しいフォームで走ろう、そう思っていましたが、正しいフォームを作るためには何が必要だったのか、僕にはよくわかっていなかったのです。走るのですから、脚力を鍛えればいいと思っていましたが、そこには正解はないということに、やっと気がついたのです。

腰の痛みが治まると、試しに体幹を意識して走ってみました。すると、僕は、まったく足だけで走っていたのだ、とわかりました。ぜんぜん体全体で走っていなかったというのが。

体幹とは何だろう

そもそも人が走るときは、足だけで走るのではなく、全身を使わなければなりません。「体幹」は体の幹と書きますが、人を木にたとえると、いわば手や足は枝の部分です。体全体を支えて、枝の部分がうまく動くようにバランスを取り、ばねのようにしなることで動きを伝え、支えているのは、幹の部分である胴体の筋肉です。これが体幹で、おもに腹筋や背筋などです。

たとえば、走っている足が地面に着地するときは、自分の体重の約三倍の衝撃がかかると言われています。この衝撃を膝や腰だけで受け止めると想像してみてください。強いちからがかかり、早晩、怪我をするのは目に見えています。僕の腰痛もこんなふうに起きたのです。体幹を鍛えると、その衝撃をうまく逃すことができ、体各部へのダメージは格段に減ると言われています。

ほかにも腹筋や背筋を鍛えることで、効率のいい走り方、スムーズな走り方ができ、足や腰に不必要な負担がかからなくなるのです。体幹を鍛えることによって、体それぞれの部位がうまくバランスを取りながら動けるようにちからをうまく伝達するのに加えて、内臓や骨格が支えられて正しい位置に収まります。ですから体幹を鍛えると正しいフォームで走ることができる、というわけです。

ボールを想像してみるとわかりやすいと思います。空気が抜けたボールを弾ませても、跳ねません。弾ませようと思ったら、手で思いきり叩くしかありません。体幹、すなわち腹筋のついていない体は、この空気の抜けたボールのようなものです。弾ませようとしても、うまく体全体にちからが伝わりません。手で強く叩くのは、自分の足だけで走るのと同じです。けれども腹筋を鍛えれば、空気がパンパンに入ったボールのようになり、おのずと走りが変わってきます。ボールが気持ちよく弾むのと同じように、走っているときもつねに体のバランスは安定し、足も手も跳ねるように前に向かって動くのです。

体幹を鍛えるために、僕が初めてトレーニングに組み込んだのが腹筋運動でした。体全体で走るためにまず腹筋を鍛えるのです。

腹筋運動はもっとも大切なトレーニング

少しでも腰痛が心配な日は、距離を減らし、スピードも落として慎重に走り、そのぶん、家で腹筋を鍛えるトレーニングに精を出しました。じつは、それまでは意識的に腹筋を鍛えたことがなかったのです。むしろ走るために下半身と心肺機能を鍛えなければと思っていたからです。

中途半端に運動能力に自信があったのが災いした、とも言えるのかもしれません。そのころから今にいたるまで、毎日の腹筋運動は欠かしていません。腹筋運動とランニングは僕にとってはセットになりました。

「なんで腹筋運動ばかりしているの?」と聞かれたら、こう答えます。「体幹を鍛えて、走るためだよ」と。

体幹を鍛えると、骨格や内臓のゆがみが直ってくるので、姿勢がよくなります。そして歩き方も変わります。さらに感覚的に疲れなくなります。いつも腹筋によって体全体が支えられているようなものなので、歩き続けても疲れませんし、呼吸も楽になります。

たとえあなたがランナーでなくても、ぜひとも腹筋を鍛え、しっかりした体幹を自分で作ろうという感覚を持ってほしいと思います。それは必ず、疲れにくい体やバランスのよい姿勢を約束してくれるからです。

体幹を鍛えるようになってから、いろんな人から姿勢がいいね、とほめられるようになりました。体幹を鍛えると、自然に背すじをのばしているのが一番ラクな姿勢になり、ラクな体勢なので体が傾かなくなるのです。いいことばかりでしょう。僕は今、五〇代のはじめですが、うっかりするとすぐに背中が丸くなってしまいます。姿勢がいいというのは大切なことだと改めて実感しています。

また、意識的に体を開いておきたいものです。ほかに、肩のちからを抜くことも大切です。

とくにお腹にちからを入れて走っているという感覚はありませんが、つねに腹筋には緊張感がある状態をキープできるようになりました。そうやって走るのですが、緊張でガチガチというのではありません。体全体について言うなら、ちからが抜けた状態。そういう走りが理想です。

正しい答えを探すために

腰痛の原因を考えたときもそうでしたが、何かが起きたときには、必ずそうなった原因があって、必ず解決方法があります。

解決方法が見いだせず、お手上げになってしまうこともあるでしょうが、よく考えてみると、きっと手がかりがあるはずです。大切なのは、それが正しい解決方法かどうかではなく、自分が取り組めるか取り組めないかです。

いつも正しい答えが出せるかどうかはわかりません。けれども、それが正しいかどうかわからないからこそ、いろいろやってみればよいのだと思います。

必ずしも一回で正しい答えが導き出せるとも限りません。僕もマラソンのうえでのトラブルに対しては、ストレッチをしてみたり、人から聞いたり、本を読んだりしてみます。いろいろ試みて、こういう場合にはどれが一番正しいのか、実践的・体験的に自分のなかにストックしていくことが大切なのだと思います。そして、次に何かが起きたとき、その状況のなかで一番適切だと思われるものを、とりあえず今できるベターなものとしてやってみる。ベストではないだろうな、といつも思いながら。ベストではなくベターなものであると自覚していることは大切なことです。

走ることは自分のリトマス試験紙

「今日はだるいな」、「ちょっと胃がむかむかするな」、「体がつらいな」と感じるときは、かならず何か原因があるものです。よく、三日前の自分の食べたもの、三日前の自分に起きたことが、今日になって体に現われると言いますが、そのとおりです。もしも今日、胃腸の調子がよくなければ、それは、三日前に「ああ、あそこで大福をふたつも食べたからかな……」と思いあたります。

もしも不調があるなら、きちんと原因を見つけだすことは大事なことです。そして、言うまでもなく、今日の体調は、誰かのせいではなくて、何日か前の自分のせいなのです。だからこそ、自分に関心を持つのは大切です。

心の状態にしても同じです。「今日はとてもイライラしている」――それにも、必ず原因があるに違いありませんから、「最近、何かあったかな?」と突きつめて解決していかなければなりません。そうでないと、気がついたときには病院に行くことになっていたりすることもあります。

「走る」ということは、少なくとも、自分の調子を知るためのひとつの指標になります。週に数回走るだけでも、心身の状態のリトマス試験紙になってくれます。

走っていると、自分の状態――健康の状態もそうですが、心の状態、もしくは人間関係や仕事の成果などの状態も――がよく見えるものです。ちょっとした違和感や気になることがあったとしたら、それには必ず、自分のなかに原因があるからです。早めに見つけ出して、改善していく――つねにそれを繰り返していかないと、自分を変えていくことになりません。

大切なのは、変化の種子をいつも持っていることです。「今のままでいいや」と思ったり、「しょうがないけど、これしかないから」とあきらめたりするのは、自分の伸びしろを自分でつぶしてしまっているようなもので、とてももったいないことです。

僕も、もっと自分が変われる可能性があると思っています。「なんか松浦さん、変わったねー」、そう思われるような自分に期待したいです。

ランニングが生活スタイルを作った

朝の五時くらいから仕事をスタートさせます。ですから夕方の六時にもなると、もうくたくたです。午前中体質とでも言うのでしょうか、午前中で自分の仕事を終えたいのです。午後は、人と打ち合わせをしたり、外に出ることなどに当てて、生産的なことはあまりしません。

走るのは、朝か夜かのどちらかです。季節にもよります。冬の朝はつらいので自然と夜に走ることになりますし、春がやってきて季節がよくなると、朝に走ると気持ちがいいものです。もちろんその日の天気によっても、朝走るか夜走るかを考えます。基本的に雨の日には走りません。小雨ならともかく大雨の日は気持ちよく走ることはできないでしょう。走らなかった日のぶんは、別の日に走る。ともかく臨機応変なのです。

僕の日々の時間割は、自分のポテンシャルをもっとも高くキープできるように、完璧なルーティーンとしてできあがっています。逆に、それを回していくのが、僕にとっての責任なのです。

もう五〇代ですから、体力的に三〇歳の人にはかないません。時間割をきちんと決めて、自分のちからが一番効果的に発揮できる状態に自らを持っていくように努めて毎日の仕事をしないと、二〇代、三〇代の人たちに負けてしまいます。

一日が終わるときには、今日もよくやりきったと思えます。悪い意味ではなくて、良い意味でくたくたになっています。充実感があるからよく眠れるし、翌朝は気持ちよく起きます。

その生活のなかに走ることが大切な要素として取り込まれているのです。ランニングで得てきたさまざまな学びのなかで、自分の生活スタイルを作り出した、と言ったほうがいいでしょうか。

そうです、ランニングを続けていたからこそ気づいたり、学んだり、実感したり、そして、今まで持っていなかったことが生まれたということがたくさんありました。

走ることが自然な自分のスタイルとして身につくまで三年かかりましたが、そこまでやってきて、ようやくまず「僕のマラソン」ができあがったと思っています。

三年という時間

「できなかったことができるようになる」、「やればできるんだ」と実感することは、じつはありそうでなかなかありません。

走ることは、誰でもやればできます。ただ三年かかると、付け加えなければなりません。「三年がんばれば体型が変わりますよ」、「体重も落ちるし、筋肉のつき方も変わるから、三年は辛抱だよ」と言うと、人は、「そうですか、三年もかかりますか」と少し残念そうに答えます。

三年の月日は、過ぎてみるとあっという間です。僕は九年ほど走っていますけど、九年走っていても、まだこの程度か……とよく思います。自分のいるところはまだぜんぜん低いところ。もっと自分には高い目標があります。

走ることは毎日の生活や仕事をすることに似ています。どんなことでも、がんばってきたことの成果がかたちになるのは、たいてい三年目以降です。それまでは、さまざまなことにチャレンジして、新しく変わろうとする姿勢を忘れないように、ひたすらやるべきことを積み重ねていくしかないのです。

目的を意識しているのが大切

「九年間、走っている」と言うと、「忙しいのに、なぜ?」と驚かれます。きっと、忙しいからできたのだろうと思います。僕のまわりでも、忙しい人ほど、走ることに限らず、体を動かす何かを続けています。

誤解を恐れずに言うなら、そういう人ほど成功するし、社会的にも高い地位を得ているようです。つまり、自分で「これをやろう」と決めて計画を立て、長く続けられるから、仕事でも成功するのでしょう。

超人的な忙しさのなかで成功している人は、例外なくみんなたいへん勤勉家です。それこそが成功している証です。この人たちは、とくに睡眠時間を削っているわけではありません。上手に時間のやりくりができるから、身体を動かす時間を作れるのです。

そして、この人たちは、やるべきこととやらなくてもいいことをきちんと分けています。これは走ることとは別の話ですが、時間を作るための基本です。

話がそれましたが、ただなんとなくやるのではなく、ヴィジョンを明確に持つことが大切です。「なんで走ってるの？」と聞かれたとき、「いや、別に……」と答えるような人は、おそらく走り続けられないと思います。仕事でも、「なんで働いてるの？」と聞かれて「いや、別に……」と答えるような人が、成功するはずがありません。

実際には、ヴィジョンはなんでもいいのです。「お金が欲しいから」、「自分を評価してほしいから」――。たとえどんなことでも、ヴィジョンがあるからこそ続けられます。お金が欲しいから、あるいは評価してもらいたいから、それを手に入れるために働く。なんとなく働いているのではなくて、それが自分の生き方につながっていくのです。

自分の描いたヴィジョンが生きがいになり、それに近づけば近づくほど自分が元気になることがわかっているので、僕は今日も走ったり、仕事をしたりするのです。

チャレンジ

走ることとは何だろう、この質問に大雑把に答えると、「チャレンジ」なのではないでしょうか。

チャレンジというのは、自分を変えたいかどうかです。変えるためのチャレンジをいろいろしてみる。時には失敗することもあります。でもそれは、自分にとっても必要な失敗なのです。なぜなら、失敗は、次のチャレンジのためのアイデアをもたらしてくれるものですから。

毎日、チャレンジです。

僕が五二歳だというと、みんなびっくりします。「若いですね」と。続けて、「何かやっているのですか?」とよく聞かれます、「教えてください」と。

たいしたことはやっていないのです。でもどうして若いのかと聞かれれば、「毎日チャレンジしているから」と答えられるかもしれません。チャレンジしているということが、ひょっとしたら、若く見える秘訣なのかもしれないと思います。僕くらいの年齢になると、現状維持ということはほとんどありえないからです。

いつも試行錯誤して、毎日、失敗して、どうしたらいいのだろうと考えて、また次のチャレンジを続ける。それを繰り返していると、新しい出会いがたくさんありますし、自分自身が変わっていくのを感じます。

「自らチャレンジし続けている」、「失敗を恐れていない」、そういう姿勢は、必ず、信用や信頼に代表される、他人から見た自分への評価につながります。変化を好まず、つねにリスクの心配ばかりしている人に、誰が大切な仕事を依頼するでしょうか。誰が、重大なことを相談するでしょうか。チャレンジし続ける人のほうが、好印象を持たれるのでしょう。失敗することを恐れず、いつもチャレンジする人にこそ、チャンスはどんどんやってくるのです。

走る自由だけは取り上げられたくない

対談　西本武司＋松浦弥太郎

走り始めたきっかけ

松浦》西本さんは、糸井重里さんが立ち上げたウェブサイト「ほぼ日刊イトイ新聞」（以下「ほぼ日」）で、マラソンのコンテンツを作ったり、雑誌「Number Do」から生まれたランニングイベント「TOKYO FREE 10」を運営したりされていて、二〇一六年四月から放送を開始したコミュニティFM「渋谷のラジオ」の製作部長でもありましたが、「ほぼ日」以前は、どういうお仕事をされてたんですか？

西本》吉本興業で、明石家さんまさんや島田紳助さん、ロンドンブーツ1号2号、ココリコなどのマネージャーを担当していました。大阪に転勤になって吉本興業の広告の窓口をしていたとき、吉本興業の芸人を使った広告がきっかけで糸井重里さんと知り合い、立ち上がって間もなかった「ほぼ日」に加わることになったんです。

松浦》「ほぼ日」の最初のころに入ったんですね。

西本》気づいたら一五年いました。

松浦》僕が走り始めたのが九年くらい前です。そのころ「ほぼ日」のマラソンについてのコンテンツ「「ほぼ日」中年陸上部――マイナスからのランニング」（二〇一二年九月二四日スタート）を読んでいました。

僕が当時マラソンを始めたのは、なんとなく体調が悪くなったりして、自分がつらい時期だったんです。コンテンツを読んだら、同じようにマラソンを始めた人がいて、しかもめちゃくちゃ詳しい。僕は西本さんを、自分のマラソンのメンターだと勝手に思っていました。こういうときはこうしたらいいだろう、などとちょっとしたヒントが書いてあって、ものすごく支えられていたんです。最初のころは、マラソンってつらいじゃないですか。頼るものがなくて、本とか雑誌とかたまに見るんだけど、教科書的なものが多くてどうなんだろうと思っていました。そのときに、西本さんの言葉を糧にしていたんです。

西本》 それは光栄です（笑）。ここに来るまで、あの松浦弥太郎さんが、なぜ僕を、と思っていたのですが、ようやく理解できました。当時、一緒にコンテンツを作っていた仲間も喜びます。弥太郎さんの原稿を読ませていただいたら、僕も走り始めて九年目くらいなので、そんなにキャリアが変わらないんです。

松浦》 僕よりちょっと先輩くらい。

西本》 走り始めた理由も似てます。僕は頭が働かなくなったんです。あるとき、哲学者をテーマにしたコンテンツをやることになりました。一年以上の時間をかけて、なんとかやりきったのですが、自分史上、一番頭を使ったせいなのか、疲れちゃって、頭も心も動かなくなったのを感じたんです。この機会に仕事とは距離をおいて、時間をかけて新しいことに取り組んでみようと考えているときに、フルマラソン走るなら今かなって、思いついたんです。たまたま妻がニューバランスに勤めていて、シューズを買い揃えたり、週末に家族を残してマラソン大会に出たりすることに寛大だったのも後押しになりました。

松浦》 それまでは走ったりしていたんですか。

西本》 野球やサッカーをしていたので、そのためのトレーニングとしては走っていました。走るだけというのはやったことなくて。走り始めると、案の定、故障するわけです。教則本などを読みながら、自分の身体を実験室のようにして、頭と身体のフィードバックを繰り返していくうちに、これは意外と自分に合ってそうだぞ、まともに取り組んでみる価値があるぞと思えた。そうして走り続けていると、心が動き始めたんですね。

「ほぼ日」は超文化系な会社で、社内で「走ってる」と言うと変わり者扱いされる会社でしたから（笑）、走ることは大事な趣味として家族以外には黙っておこうと思いました。走っていると、朝ランに備えるために夜の付き合いがどんどんなくなってくる。かなり人付き合いも悪くなってきたころに、東京マラソンで応援している姿がテレビで流れたりして「おまえ、走ってるらしいな」と少しずつばれてきまして。それで、僕でよければという感じで書き始めたら、あんな感じになったんです。

松浦》 なるほど。この本では、自分なりに九年ほど走っていて、変化とか、自分のなかで生まれたマラソンのストーリーを書いているんですけど、原点に西本さんがいるので、今回、対談をぜひお願いしたいと思ったんです。

最近よく思うのが、マラソンとジョギングとランニングって、どう違うんだろうということ。僕らはどれをやっているのかな。走っていると言うと照れくさい部分もあるので、マラソンというのが自分にはしっくり来ると思うんですけど。

西本》 確かに照れくさいですよね。一方で「マラソンやる」と言うと、みんなから途端に、たいへんなことをやっているととらえられがち、かといって、マラソンや走ることの良さを伝えようとすると、いいところだらけで悪いことがひとつもないし、あまりにも正論すぎてなかなか伝わらないんですよね。だから、聞かれたときにだけ答えるようになってきました。

走ると、だいたいのことが解決する

松浦》 走ってる人に、何か共通するものってありますか？

西本》 われわれのような市民ランナーは、体育的な怒られ方、教わり方が嫌いです。一方で本を読むことが苦じゃないから、教則本もやたらと買い込んで読み込む。だから、やたら詳しい。僕は箱根駅伝が好きで、大学生や実業団のランナーとも話す機会が多いんですけど、市民ランナーのほうが詳しかったりするんです(笑)。たとえば、実業団のランナーに、「西本さんみたいに、靴のこと詳しくないです」と言われたりするんですよ。

僕は、走ることについてはいろんなことをひと通りやったからなあ。振り返ると、効果が怪しいネックレスやシールやクリームなども買い込んだし……。

松浦》僕もひと通り試しました（笑）。
結論めいた話なんですが、走るってなんだろうって思うんです。西本さんは、どう考えてますか？

西本》先日、ロンドンに行ったんです。ジョギングしてると、まわりのペースが速いんです。日本だと、この体型だったら1キロ六分か七分くらいという人が、キロ五分を切るようなペースで、ゼエゼエ、ハアハア走っている。たまたまかな？と、思って注意して見てると、みんなそれぞれの走力のなかで息がきれるくらいのスピードで走ってる。
ちょうどロンドンのユニクロで「BREAKFAST RUN」というイベントを開催することになったので、参加していたイギリス人に、「なんでそんなに速く走るの？」と聞いてみたら、大半の方が「頭をすっきりさせたいんだ」と。イギリスでは「ダイエット」や「メタボ対策」ではなく、頭をすっきりさせるために走る、という考えが定着していた。そこでようやく、僕は頭と身体を調整するために走っていたんだと気づかされたんです。

松浦》西本さんが言うように、走ることは自分の調整だと僕も思っているんです。調整のひとつの方法を自分が身につけた喜びだったり、安心感だったりがあります。何があっても、走るという行為を自分で持っていると安心できる。

西本》それ、すごくよくわかります。ラジオにかかわったことなんてないのに「渋谷のラジオ」を立ち上げるというとき、自分のなかで走ってればなんとかなると妙に自信があって。

もう少し詳しく説明すると、どんな問題も走ると、だいたいのことが解決するんですよ。「渋谷のラジオ」を立ち上げるときも難問だらけで、途方に暮れていても、翌朝その宿題を持って走りに行って一時間もすると、なぜか答えが出る。出ない場合はもう三〇分余計に走る。答えが出たら急いで家に帰ってメールを打つみたいな（笑）。だから、僕は走れるあいだは大丈夫かもしれないって思っています。

松浦》不思議な感覚ですよね。考えるというよりも、余計なものが落ちていって、大事なものだけ残っているみたいな。ぎゅーって集中して考えているのとは違う。

僕は10キロ一時間っていう感じなんですけど、いろいろ落ちて、何かが頭のなかに残るんですよ。毎回課題を持ってるわけじゃないんだけど、その残ったものが仕事へのモチベーションになったり、何かのアイデアになったりする。これに行きつくには、三年くらいかかった気がします。それまでは、きついなとか、痛いなとか、そんなことばっかり考えていました。

西本》走り始めて数カ月後に、ようやく10キロ走れた瞬間があったんです。「10キロ走れるなんて、俺、まだまだいけるな」と泣けました。経済的なことや仕事では、かけた時間分だけ効果が出ることはまれですが、走ることに関しては、やればやるほど右肩上がりで行けることを楽しんでいた節があります。

「ほぼ日」中年陸上部」でも、「ベイちゃん」という男の子が、東京マラソンに当たって、半年間、ちゃんと教えて練習したら、初めてのフルマラソンでサブ4（四時間以内でゴールすること）で走りました。彼の性格が素直だってこともあるんですけど、マラソンは逃げずにきちんとやれば誰でも走れると教えられた気がします。
　中年になってからマラソンにはまる人が多い理由のひとつに、気力も体力も落ちたような気がしてたけど、「俺って捨てたもんじゃない」という、自分の可能性を信じていたいという気持ちが根底にあるような気がします。

松浦》僕も右肩上がりなのを感じるんですけど、五〇歳を過ぎて、最近、ちょっと自分の走るポテンシャルが落ちてきてるのがよくわかるんです。ほんとうに、一年前と違うんですよ。
　一年前までは、時間とか速さとか、攻めることができたんです。今年に入って、なかなかそれができなくなって。楽しくないのかというとそうではなくて、逆に、ペースを落として余裕をもって走る楽しさを最近味わっているんですよ。

西本》ああ……。みんな、タイムが出なくなった瞬間に急に落ち込むんですよ。タイムが出なくなると揃って、１００キロとか長い距離に移行していく傾向があるんです。ペースをこれまでよりも落として長く走るので新しいチャレンジではあるんですけど。それと日々走り続けることというのは別個のような気がします。

僕も、タイムが昔ほど上がらなくなったという実感はあります。ただ、ひとつだけうれしいのは、走ることが確実にうまくなってる。

松浦》 わかります。何がうまくなっているのかわからないけど、少なくとも、足音がバタバタしない。それが気持ちいいんですよ。ちゃんと跳ねてる感じというか。自分で鏡に映して見ることはできないけど、見た目はそんなに悪くないんだろうなと。

フルマラソンには、ストーリーがある

西本》 松浦さんは海外でも走りますよね？　そういうとき、訛りがなく通じ合えるというか（笑）、向こうから来た地元の人が「おっ、お前いつも走ってるんだな」という視線を送ってくる瞬間があります。しゃべってなくてもお互いにわか

る。そういうときに「これまで走り続けてよかったなあ」という気分になります。

松浦》走り始めの駆け出していく感じと、走り終わりの自分が止まるまでの姿が、西本さんが言った訛りじゃないけど、スムーズだと感じるんですよ。それが気持ちいい。昔はもうちょっと速く走りたいとか考えたりしたんだけど、今は、遅いけど楽は楽。

西本》いいですね。特にフルマラソンはコースや気温によって、タイムが変わってきます。みんなタイムから解き放たれたらいいのにな、と僕は思います。

僕はパリマラソンが好きで、ここ二年出てるんですけど、一年目はパリの石畳をなめすぎてました（笑）。凱旋門からスタートしてシャンゼリゼを下るんですけど、スタートからずっと石畳。最初の給水所もバスティーユ広場も石畳。一番、きついゴール前も石畳（笑）。ふつうフルマラソンは35キロからが厳しいって言われるんですけど、石畳を走ると30キロからすでに厳しい。走りながら「靴、間違ったな」と思いました。

だから翌年は分厚い靴で行こう、と帰ってすぐに準備を始めました。分厚い靴で走るためのフォームを作って、「ここはパリだ」と思いながら、東京を走るわけです（笑）。二年目は気温が上がったせいもあって、タイムは前より悪いんですけど、明らかに走りはうまくなってる！　次はもっとうまく走れるぞ、と思って、はやくも来年のパリマラソンにもエントリーしました。

松浦》そっちのほうがいいですよね。ところで、レースで走るための大事な準備って、何かありますか。

西本》一番は、申し込んだ瞬間から、あれこれ考えて楽しむことだと思います。糸井さんに教わったことなんですけど、ＪＡＬのキャンペーン「リゾッチャ」を手掛けたときに「ハワイに行くために、水着を買うところから、すでにハワイが始まってる」と糸井さんが言ってたのが印象に残っています。マラソンもそれだ、と思ったんです。一年間かけてどうやってパリの石畳を走ってやろうと想いにふけることがマラソンだと。

松浦》いいですね。大会は、ひとつの目標というかモチベーションになりますもんね。僕は毎年、台北マラソンに行っていて、今年で四回目になります。その台北マラソンでしっかり走るというのが、楽しみでしかたがないんですよ。一〇月であれば、一〇月の時点でこうあるべきという目標があるし、そこにたどりついてなければもうちょっとやらなければいけないなと思う。

西本》台北は、ランニングが熱いんですよね。出てみたいなあ。ゴール後に鼎泰豊《ディンタイフォン》の小籠包を楽しみにしながら走る台北マラソン。

松浦》年々、参加者が増えています。

西本》フルマラソンは、想い続けた時間分だけ泣けます。初回は一五〇パーセントくらい泣けます。

松浦》 四時間ほど走るわけですけど、そのなかで、自分の心の動きがあるんですよね。途中でなぜかいらついたり、怒ったりする（笑）。でも、最後のほうは、気持ちよくなりつつ感動が高まってくるというか。四時間のなかのストーリーがあります。

西本》 僕は走っている最中、自問自答を続ける感じです。サブ4であれば、四時間ぶっつづけで会議してるくらい頭のCPUを使ってるんですね。終盤で身体が動かなくなるのは、脳みそが疲れて指令が遅れてるからじゃないかと考えてます。脳と身体のズレがきっかけとなって身体にダメージが来てしまう。

松浦》 そうかもしれない。長い距離を走ってると、しょうもないことといっぱい考えちゃうんですよ（笑）。でも、最後でうまいこと帳尻が合う。

西本》 ストイックなイメージがあるマラソンですが、意外なことに、イタリアのほうが日本より大会数が多いらしいです。世界のマラソン大会を調べていくと走ってみたいコースがたくさんあります。世界屈指高速コースと言われるベルリンや村上春樹さんが「街のDNAとしてマラソンが染み付いている」とおっしゃっているボストン。それにナイキの本社があるオレゴン州のユージーンは「トラックタウン」と呼ばれるランナーの街。日本では、ここも走ってみたい。二〇二一年の世界陸上はユージーンに決まりました。何かと二〇二〇年の東京オリンピックをゴールに考えがちですが、僕のゴールは二〇二一年のユージーンの世界陸上です（笑）。〔その後、COVID-19の影響で東京オリンピックは二〇二一年に、世界陸上は二〇二二年に延期された〕

正しい靴の履き方

松浦》初歩的なことで恥ずかしいんですけど、靴のひもについて気がついたことがあるんです。僕は、靴のひものことなんか考えずに何年も走っていました。基本的なことですが、つま先からみっつめくらいまでのひもを外して、そこから穴を通しながら結んでいくだけで、こんなに違うんだと驚きました。

西本》 どんなにいい靴を履いてても、ひもをちゃんと結んでいないと、その靴の良さを引き出せないですからね。準備体操をする前に、みんなに靴のひもを一回ほどいてもらって、かかとをコンコンと入れてもらって靴ひもを結び直してもらってます。ちゃんと結ぶと、履きごこちが明らかに変わるので「おおー」って歓声がわくんですよ。

靴を履くとき、つま先をトントンやってたなごりからか、つま先のほうをみんな気にするんですよね。大事なのは、かかとを合わせること。

松浦》 ほんとうに違うんですよ。僕らって、子どものころから靴を履いてるから、靴ひもを締めるというと、一番上をぎゅーって締めるものだと思っている。あれがよくないんですね。

靴のサイズも大事ですね。合ってない靴を履いてる人がいっぱいいます。

西本》 「「ほぼ日」中年陸上部」でも書いたんですが、靴を買うときに、計測したサイズより前後0・5～1センチ、そして横幅も違うものを徹底的に履くと、「しっくり」という感覚がわかります。「しっくりサイズ」より0・5ミリでも大きい靴を履くと、走りが明らかに重く感じます。

松浦》 いろんなメーカー、サイズを履いてみるべきですね。

コンディションが悪いときの止まり方

松浦》 まじめに走ると、マラソンの途中で止まることがいけないことだという考えがありますよね。僕も、五～六年くらいは止まらない自分でいました。

西本》 村上春樹さんの影響もありますね（笑）。

松浦》 そうなんですよ（笑）。『走ることについて語るときに僕の語ること』を読んでしまうと、止まっちゃいけないと思ってしまう。でも、それをやると、必ず故障してしまうんですよね。無理を絶対しちゃいけない。

最近は自分のコンディションがよくないときは、ふつうに歩くし、止まったりするんですけど、西本さんはどうですか。

西本》 僕は、一流アスリートのふりをしながら止まります（笑）。

松浦》 あたかも止まるのが必然のように？

西本》 腰に手をあて、イチロー選手のように思慮深さをよそおいながら（笑）。

松浦》 最初のころは止まれなかった？

西本》 僕らのような文化系ランナーは村上春樹さんのように「少なくとも最後まで歩かなかった」と墓標に刻みたい呪縛がありますから（笑）。今は平気で止まります。

海外のランニングガイドを作ろう

松浦》今はどのくらいのペースで走ってますか？

西本》よっぽど疲れてなければ、10キロ以上走るようにしてます。

松浦》西本さんは以前、「距離とか速さじゃなくて、時間が大事だ」とおっしゃっていて、僕はそれを自分のルールにしてます。結局10キロなんだけど、一時間走り続けられる自分になろうと。

西本》一時間つまり六〇分って、けっこういい単位だと思うんですよ。六〇分10キロ。

先日、「六五歳の母がランニングをしてみたいと言ってるので、西本さん一緒に走ってくれませんか」と頼まれて一緒に多摩川を走りました。ゆっくり走るから一緒に行きましょう、と。ゆーっくりゆーっくり走りました。そしたら、10キロ走れたんですよ。「10キロって渋谷から二子玉川までぐらいの距離なんですよ」って言ったらびっくりされて。どんな方でもゆっくり走れば10キロは走れるはずなんです。海外に行ったときに、早起きして六〇分10キロ走ることを予定に入れておく。そうするとその町がだいたい見えてきます。滞在期間が四日あると、東西南北に10キロ走れる。人混みの少ない朝走るといろんなものが発見できますよね。オリジナル・ランニングガイドができるというか。

松浦》 不思議なことに、走る恰好をしていると、うろちょろしてても怪しまれない(笑)。僕も海外でよく走るんですけど、旅というよりも、特別な感じですよね。散歩だったら行けないようなところも、マラソンで散策できて、迷ってUターンしてもいいし。

旅先で、自分が泊まってるホテルを中心に街を四分割して、走って自分で地図を作っていくとすごく楽しいんですよ。パン屋があったとか、公園があったとか。

西本》そうですね。いろんなものが見つかりますよね。「ストラバ」というアプリ、知っていますか？　地図と走るコースや速さが記録されるランニングアプリですが、これでロンドンを走ってたら、リージェンツ・パークで赤土のトラックを見つけました。走ったあと、「ストラバ」でこの４００メートルトラックを走った人の記録を見返していたら、最速タイムは四三秒！　ちなみに日本記録が高野進さんの四四秒七八ですから、ワールドクラスのタイムなんですよ。「ストラバ」を使うと、ただの赤土のトラックも町中の道路も「いつか誰かが走った道」として記録されている。新しいランニングの楽しみ方です。

松浦》海外を走るというのは、それだけで旅の目的になりますね。このあいだ、ドイツのシュトゥットガルトに行きました。毎日走ったんですが、あっというまに町が把握できるし、朝ごはん食べるところも見つかるし、暇なときにぶらぶらするところもわかる。ちょっとしたガイドができるようになる。10キロ走れると、たいていのところに行けるんですよね（笑）。どこへ行っても、心細くならない。

10キロ走れる自分が安心につながる

松浦》二〇一一年の東日本大震災のとき、東京でもみんな歩いて帰りましたよね。僕もそのうちのひとりだったんですが、あのとき、青山あたりから二子玉川まで歩いて、けっこうへとへとになったんです。家に家族がいたんですが、連絡がとれなくて、とにかく早く帰りたかった。だけど、早く帰るすべは歩くしかない。
　青山から二子玉川までだいたい10キロちょっとですけど、それくらい走れる体力がないとだめだなと思ったんです。途中でへばってコンビニで水を買おうとしている自分が、すごく嫌だったんですよね。

西本》僕もその日は同じような状況でした。当時、表参道の職場にいたんですが、妻が銀座から表参道まで歩いてきたところで、「私はこれ以上、歩けない。保育園の子どものお迎えはどうしよう」と。表参道から保育園までは10キロくらい。それで、妻に荷物を頼んで、「俺が走っていく」と。

僕が一番最初に迎えに行ったお父さんでした。世田谷通りを走っていると、向こうから走ってる人が来るんです。不謹慎ながら、目を合わせてお互いにニヤッと笑う（笑）。俺たち、走れてよかったって。このことは、忘れないようにしようと思っています。

松浦》何があるかわからないから、単純な話、大事な用事に遅刻しそうな自分がいたとしても、走れれば大丈夫という不思議な感覚がある。

西本》震災後、気仙沼に行く機会が多かったので、毎朝、いろんなところを走りまわっていたんです。街中のいたるところに津波の傷跡が残っています。高台を駆け上がりながら「この高さまで水が来たのか」と、信じられない思いでした。走ってみて、ようやく腑に落ちたというか。

松浦》走れることで、何かあったときの選択肢が増える。10キロを余裕で走れる自分がいるということは、かなり安心になるんじゃないかな。

西本》 10キロ走れる技術を持っているのがちょっと誇りに思えたりしますよね。

松浦》 しかも、そんなに若くない自分が。日々の生活のなかでのお守りになるのかなと思います。精神的にきついことがあったとしても、走れば戻せるというか。

いいランニングコースを持とう

松浦》 僕は今年五二歳なんですが、ここからの自分の体力の落ち方を考えると、マラソンにおいては違うステージに行きそうな気がするんです。違う楽しみ方が見つかるというか。走ってるあいだ、ひとりじゃないですか。その時間が贅沢だと思います。

西本》 そうですね。いいランニングコースを持ってるのが大事な気がします。

松浦》家の近所の10キロコースを気に入っていて、何年も走ってたんです。つい最近、初めてそれを逆に回ってみました。そうしたら、逆に走ることが、ものすごく心地いいんです。

西本》旭化成の鎧坂哲哉選手は、大学時代からずっと砧公園を走ってるんです。「どうして砧公園から離れないの？」って聞いたら、「学生時代に1万メートル二七分台を出した環境がここなんです。この環境を捨てたくない」と言ってました。「いつも同じコースを走って飽きない？」と、いじわるな質問をしてみたら、「西本さん、いろんなやり方があるんです」と。逆走したり、坂道でわざとゆっくり走ってみたり。同じコースでもパターンを変えて走ると、身体に違う刺激が入っておもしろくなりますよって。

松浦》ほんとうにそうなんです。10キロコースの最後の1キロって、けっこうきつい思いして走ったりするんですけど、逆走するとそこを最初から走るから、楽々走ってる自分という不思議な感覚があって楽しいんですよ。

西本》 砧公園には実業団のケニア人ランナーも走っているんですが、彼らも自然とそういうことをしています。すごいスピードで逆走してるから、ちょっとこわいときもあるけど（笑）。

世界陸上の楽しみ方

松浦》 西本さんは、世界陸上を見に行かれてました。僕らが走ってるのとレベルが違うと思いますが、どんな感じがするんですか。

西本》 砧公園で走り始めたとき、同じコースを駒澤大学の選手が走っていて、この人たちの真似をしようと速い選手を追っかけているうちに、最終的に世界陸上にたどりついた感じがあります。草野球をやるときにイチロー選手のフォームを真似するように大迫傑選手の真似をして走って楽しんでます。真似をしてみると、「大迫くんの腕ふりは、こういう効果があるんだ」と気づいたりする。ここは鎧坂選手でしのいで、最後はイギリスの陸上競技選手モー・ファラーで駆け抜けるみたいな（笑）。そういう楽しみのために見ているところがあります。

松浦》おもしろいですね。その人の特徴を見つけてやってみる。

西本》駒澤大学の選手を見ながら走り始めたので、そのまま箱根駅伝にどっぷりとはまっていきました。一年を通して駒澤大学の選手を見ているうちに、トラックレースもおもしろいなと思うようになり、全カレ（日本学生陸上競技対校選手権大会）、日本選手権と見に行くようになって、気づいたら世界陸上に（笑）。

プレスとして競技場に入れてもらえるようになって写真も撮るようになったのですが、ファインダーをのぞくと選手の特徴がよくわかります。元DeNAで現在は立教大学駅伝部監督の上野裕一郎さんと大迫選手が日本選手権のラスト300メートルで動きがシンクロしているのを見て、さすが同じ高校（佐久長聖）出身だなあと楽しんだり（笑）。

松浦》 選手を見て、調子はわかるんですか？

西本》 わかります。スタート前の表情もそうですし、僕はたまたま近いところで見えるようになったんで、招集所での待ち方、そしてスタートに向かうための最後の流し（刺激入れ）やスタートまで、スタートしてからの位置取りでそれぞれの選手の思惑が見えてきます。そういうふうに見られるようになるとおもしろいですよ。

松浦》 世界陸上は勝負の世界ですよね。勝負師的な強さというのがあるわけですか。

西本》 圧倒的にすごい人になると、美しさがあります。その競技だけのために作られた身体です。美しいものばかり見た後に自分の身体を見るとため息がでちゃいますが。

走るイベント

松浦》西本さんがやっている「TOKYO FREE 10」（フィニッシュ地点とゴール時間以外は設定せず、参加者がそれぞれ自由に10キロ走るイベント）もいいですよね。

西本》ランニングコーチの金哲彦さんと、日本陸連事業部長の大嶋康弘さんと話していて、金さんが、「スタートもコースも決めず、あらゆる場所からひとつのゴールを目指して走ればいいんだ！」と思いついたんです。「TOKYO FREE 10」では同じ黄色いTシャツを着て走ります。最初はひとりぼっちで走り出すんですが、ゴールに近づくにつれて遠くに黄色いTシャツを着た人が増えてくる。Tシャツを見つけた瞬間は気分があがりますよ！

「オトナのタイムトライアル」という名前でトラックレースもやっています。春は1500メートルと5000メートルなんですが、イベントによって距離は変えていて、夏は中距離で800、1500、3000メートル。僕は司会進行で、マイクを持って走りながらランナーにインタビューします。箱根駅伝メンバーや実業団ランナー、そして競歩の選手が市民ランナーをペースメイクしながら一緒に走るんです。1キロ四分ペースで歩く競歩の選手の後ろを市民ランナーが必死になって追っかける（笑）。最初は仲間と手弁当で始めたイベントだったんですが、今では一〇〇〇人くらい市民ランナーが集まるようになりました。

松浦》「TOKYO FREE 10」は何回やってるんですか？

西本》三回開催しました。これからは地方で朝市とセットにすることも考えてます。ゴールを朝市にすれば、走ったあと、すぐに美味しいものが食べられるでしょ。

松浦》ユニクロの「BREAKFAST RUN」は、どうやって始まったんですか。

西本》 十数年前、ユニクロと仕事をする機会があって、たくさんの人に昔のユニクロの話をうかがったんです。その中で一番好きなエピソードがユニクロが今ほど大きな会社になる前のできごと。当時のユニクロは新しいお店が開店するたびに、開店前から長蛇の列ができていたそうなんです。それを見た柳井正社長が「並んでいるお客さまにアンパンと牛乳を配りなさい」と号令を出したそうなんです。最近、ユニクロのランニング企画の打ち合わせに参加したときに、この話を思い出して、「朝ごはんを食べにユニクロに行くのはどうですか」と提案しました。開店前のユニクロに集まって、一緒にランニングをしてユニクロに戻って一緒に朝ごはんを食べるという企画です。新宿で始めてみたら好評で、先日、ロンドンのユニクロでも開催しました。「ティファニーで朝食を」、ならぬ「ユニクロで朝食を」と言いたいがためなんですけどね（笑）。

走ると生活が変わる

松浦》 走り始めると、食事とか睡眠とか仕事のしかたがけっこう変わりますよね。

西本》朝、気持ちよく走りたいという理由で飲み会を断ったり（笑）、スッキリ目覚めて走りたいがゆえに、寝る前にアミノ酸をとったり、睡眠時間だけでなく、睡眠そのものの質を良くしたくなります。「この一個のおむすびが5キロ分のカロリーか」と意識するだけで、カロリーにも自然と気を配るようになりますし、身体に入れるものも質が良いものを選ぶようになり、そのうち自分で料理をするようになってきました。

松浦》今日は肉を、などと自分に必要なものがわかるというか、必要以上に食べなくなるというか。

西本》そうですね。飲んだあとに「締めのラーメン」なんて食べてると、寝ている時間では消化しきれなくなって、胃の中で消化不良を起こしてしまう。走り始めの身体も重いし、いいことないですから。

松浦》 うまく言えないんですけど、走ることでいろんなことが満たされているような気がして、余計なものがいらなくなるというか。

西本》 身体全体が起動したばかりの朝に走っていると、身体全体のセンサーがビンビンと動き始めて、いろんなことに気づくようになりました。

松浦》 自分のコンディションがわかるようになる。変なサプリメント飲むよりも、走るほうがぜんぜんいいと思います。

西本》 ただ、走ることを生活の軸におくと、ナイトライフを楽しんでいた友だちとはちょっと疎遠になってしまう（笑）。でも、走ることで新しい友だちができますから、結果的に交友関係はひろがりますよね。

松浦》 リフレッシュ方法が変わるんですよ。走るチャンスを逃したくないから、僕はいつも狙ってます。

西本》 僕も会社員時代は、午前中の早くから打ち合わせがあって、走れないときなどは、シューズとウエアを持って打ち合わせに行き、会社に戻る前に皇居に寄って、10キロ走って、何事もなかったかのようにデスクに座ってました（笑）。

故障したらどうするか

松浦》 走ると、体重がどんどん減ります。一番体重が減った状態があったんですけど、それだと良くないと気がつくんですね。痩せすぎると体力も減るし。

西本》 走り続けることと、走り過ぎちゃうこととの見極めが最初のころは難しかったかもしれないです。筋肉疲労もないし、身体も軽いんだけど、なぜか走れないなんてときも出てきます。そういうときはランナー貧血になっている可能性が高い。着地するとき、足の裏で赤血球が壊れちゃう。それでランナー貧血になるんです。そういうときは走っててもつまんないから、スパッと休んじゃう。

松浦》そう、休むしかない。病院行っても、休めとしか言われませんから。

西本》積極的に休養をとりにいけば、体力を維持したままランニングに復帰できます。身体全体をメンテナンスするようにヨガをやってみたり、ロードバイクで長い距離を走ったり、水泳で長い距離を泳いでみたり、そうすると、スイム、バイク、ランの三種目ができるようになってトライアスロンもできるようになる（笑）。実際のところ、真夏は長い距離は走れませんから、自転車やスイムで補うクロストレーニングをやってると、涼しくなった秋には新鮮な気持ちでランニングに取り組めます。

松浦》二回くらい故障すると、そう故障が起きなくなりますね。

西本》そのうち、痛い場所そのものが原因じゃないことに気づいてきます。だから、患部そのものに湿布貼っても治らない。膝が痛いときの原因も太ももや臀部のはりだったりしますし。

松浦》10キロ走り始めのころには筋肉痛になったりしました。でも、生意気な言い方ですけど、今は筋肉痛にすらならない。筋肉痛がなつかしい（笑）。

西本》さすがにフルマラソンのあとは筋肉痛になりますけどね（笑）。

松浦》ふだんの生活の領域から離れた身体の使い方ですから、びっくりするんでしょうね。

走る自由

西本》やっぱり、走る自由だけは、取り上げられたくないですよね。

松浦》そう、走るって自由なんです。走るのが好きな人って、会社員として決められたことをやってくのが苦手な人が多いんじゃないかと思います。

西本》実は「ほぼ日」を辞めるとき、次にすることが何も決まってなかったんです。会社を辞めてみることから始めようと思って、辞めました。とりあえず走ってればなんとかなるかと（笑）。

松浦》走れる自分がいるというのは、そのくらいのことですよ。なんとかなる。仕事しながらでも、今日の自分が許せないときがあるんです。そんな一日でも、走れば自分を許せる。走るってことが、どれだけ自分を支えるか。西本さんは、これからも走るんですよね？

西本》そうですね。元来、飽き性の僕が、こんなに長く続いた趣味ってこれが初めてですから。

（了）

第3章　1キロ5分45秒を守る

一日をルーティン化する

朝のランニングは朝食を食べてからスタートします。朝に限らず、空腹で走ることはしません。また、汗をかくので、水もたくさん飲んでから走り始めます。

これは大切なことで、しっかり食べて、十分に水分をとって走らないと体に悪いということは、多くの教則本に書いてあります。ですから僕は無理をしてでも朝食を食べます。

だいたい一時間ぐらい走ります。走り終えるとたいてい七時を回っていますから、すぐに職場に向かい、仕事を始めます。

会食などがなければ、七時前に帰宅します。夜に予定が入っても、たいてい八時までには帰ります。そして夕飯を食べて、一〇時には寝てしまいます。翌朝はまた五時に起床して、毎日その繰り返し。走り始めてからは、こんな生活パターンを続けています。

自分で生活の時間割を決めて、それをルーティン化したのは、「暮しの手帖」の編集長になる前です。ランニングを始めたのはもう少し後です。その当時フリーランスだった僕にとっては、そのくらい規則正しくしていないと、自分の仕事にリズムが生まれません。実際には何時に起きて何時に仕事を始めてもいいのですが、人一倍自己管理ができていないとフリーランスは成立しないものです。金銭面はもちろん、働く時間も、すべて自分できっちり管理し、律していないと、「なんでもあり」になってしまい、その結果、仕事の質の高さを保てなくなります。自由であるということは大変です。

また、フリーで仕事をすると誰も自分の悪いところを指摘してくれませんから、自分のことは自分で注意するしかありません。そのためには生活スタイルを整え、時間の使い方をよく考えて、つねに改善を重ねなければならないのです。

このようにメリハリがついたルーティン化した生活を心がけていると、日常的にマラソンをする習慣も取り込みやすいのかもしれません。

どんなふうに食べるか

走り始めてから、いっさい間食をしなくなりました。もともとたくさん食べるほうではありませんが、身近にあればおやつは食べてしまうし、仕事柄もあり、「どうぞ」とすすめられたものはいただいていました。

けれども食事以外には、食べないようになりました。食事は決まった時間にとっています。その時間になったら、お腹がすいていてもいなくても食べます。空腹かどうかにかかわらず、栄養をとらないと疲れるからです。

走り始める前から、それほどの大食漢ではありませんでした。フルコースを食べることもめったにしません。ごはんはふつうのお茶碗に半分くらい。男性としては、そんなにたくさんは食べなかったのです。

お酒はいっさい飲みません。おつき合いの席でも、あらかじめ「お酒は飲まないのです」と言うようにしています。多少飲むとしても、自分に適する量というのがわかっています。

別にダイエットをしているわけではないのです。ただ、たくさん食べてしまうと、次の日はつらいと感じます。ですから、いつもと同じ程度の量しか食べません。

運動していると、エネルギーを補うために、たくさん食べたほうがいいという考え方もあるのでしょうが、僕くらいの年齢になると、それは違うと思います。一〇代、二〇代ならば、筋肉も骨も成長しますから、多くの栄養が必要ですが、五〇代の今はもう成長は止まっているので、「現状維持」というところでいいのです。

走る日と走らない日で、その日の摂取カロリーを変えたりすることもありません。食べる量と食べる時間はいつも同じ。つまり、規則正しく食べることは走ることと別の自分なりの健康管理なのです。

そして、ランニングと同様、食事についても自分なりにどうしたらよりいいのか、折々で試しています。ごはんをお茶碗二膳食べてみたら？　肉のおかずをたくさん食べてみたら？　もっと遅い時間に食べてみたら？　いろいろな可能性を試してみてわかった僕の食事のとり方です。みなさんも一番良いやり方を自分でみつければいいと思っています。

自分なりの健康管理法

ランニングをするからいつもよりもたくさん食べるということはありません。けれども、ふだんから、空腹のまま走り出すことは避けています。

人の体も車と一緒です。走り出す前にエネルギーを入れておかないと痩せる一方ですし、体をこわすこともあると思います。

僕は選手ではありませんから、それほどシビアに実践しているわけではありませんが、マラソンの大会に参加するときは、三日ほど前からカロリーの高いものを食べるようにしています。カロリーの高いものを食べておかないと、エネルギーが足りなくなり、疲れるからです。

五〇代という年齢に必要とされているエネルギーは、一日約一五〇〇キロカロリーくらい。ですから二〇〇〇キロカロリー以上はふだんから摂らないようにしています。

基本的に食べたいものを食べています。好き嫌いはあまりありませんが、ファストフードやジャンクフードなどは好きではないのであまり食べません。カロリーを摂りすぎないようにして、なおかつ自分なりにバランスをとる。肉を食べたら野菜を食べるとか、あまり消化の悪いものは食べないようにするとか、ごく常識的なことですが。

ランニングをするから食生活を見直すというよりも、自分の年齢や身体に合う食生活にするには、どうすればいいだろうと考えています。

それは、基本的に、体調管理は自己責任だと思っているからです。

流行りの風邪をひいたり、病気になったりすることは仕方がないと思いますが、それでも体調を崩すと、「自分の管理不足だった」と反省します。どんな理由であっても「風邪をひいたのでできなかった」なんて、自分の落ち度をさらすようで、恥ずかしくて言えません。子どもが風邪をひくのはわかりますが、大人になって風邪をひいて週明けに休んだりすると、それだけで減点だと思います。

健康は宝物です。天が贈ってくれたものに、自分で手を入れて、努力して作っていかなければならない宝物なのです。会社の給料や仕事の報酬は、健康を維持するためにもらっているようなものだとさえ思います。

何があっても元気でいる人は、それだけで信用することができます。その一方で、とても頭がよくて仕事ができるけど、しょっちゅう具合が悪くなって休んでいる人には、大切な仕事はまかせられません。

足を柔軟にすること

走ることのために大切なことであるし、それを知ったからこそ、今の自分がいるということがあります。

それは足のマッサージです。それぞれの身体に合わせたインソールを作っている職人の方に教わった方法ですが、毎日実践することで、足の疲労や、走るときの姿勢、またふだんの身体のコンディションが、これほどまでに改善できたことはありません。足のマッサージとは、要するに、指先からかかとまでの足の部分を柔軟にすることです。方法は簡単。

まず、右足を左のももの上に乗せ、足の親指の付け根の下あたりに、右手の親指を置き、足をつかみます。左手の指を、右足の指のそれぞれのあいだに入れて、その状態で大きく時計まわりに一〇回まわします。今度は反対方向に一〇回まわします。

次に、右手の位置を土踏まずの位置にずらし、同じように左手の指を足の指のあいだに入れて、大きくまわします。

今度はかかとを後ろから右手でしっかりつかんで、同じ要領で足をまわします。最後は右手で足首を持って、足をまわします。このマッサージを左右行ないます。

実際、足が凝り固まっている人が多く、その凝り固まった足をこんなふうに支点を変えて、指を持ってまわすことで、少しずつですが、足に柔軟性が生まれていきます。体重を支えている足のメンテナンスとでもいいましょうか。このマッサージを一日に三回行なうのが理想といいます。

僕はできる限り、時間の空いたときに、ソックスを脱いで、このような足のマッサージを行ない、身体全体の負担を少しでも減らそうと努力しています。おかげで、以前患った、腰の痛みや有痛性外脛骨はしっかりと改善できたのです。

走ることに飽きる

僕は7キロを四五分で、週三回のペースで走っているうちに、走るための身体を作り上げることができました。それを習慣化すれば、ある種いっぱしのランナーです。そこまで走れるランナーになると、再び速く走りたくなりますし、距離も伸ばしたくなる。そこでまた、いろんなチャレンジをするようになります。「今度は四五分じゃなくて、四〇分で走ろう」とか「今度は7キロじゃなくて、10キロを五〇分で走ろう」というように。

ところが今度は、いろいろとチャレンジをしてみるうちに、楽しかったランニングが次第に楽しくなくなってきました。負荷が加わるから、つらくなるのです。けれども7キロを四五分、週三回走るだけでは、やはり物足りない気持ちは変わらないのです。

また、走ることで得られるさまざまな心地よさ——現実逃避の快楽や頭がリフレッシュされる快楽や心地よくくたくたになる気分——それらを知ってしまっているので、つい「もっともっと」という感じになってしまいます。気がつけば、時間を縮めたり距離を伸ばしたりしながら、以前と同様、だんだん自分を見失いそうになりかけました。「自分はいったい何をやってるんだろう」と。

つまり、物足りなさと負荷をかけるつらさのあいだで揺れて、何をやっても満足できずに、なんとなく焦ったりしているうちに、走ることがつまらなくなってきたのですが、あるとき、「要するにこれは、走ることに飽きたのだ」と気がつきました。時として人間は、毎日続けている習慣に飽きます。どんなに素敵なカフェでも、三年も通い続ければもういいや、と思います。飽きることは、それと同じです。

見方を変えれば、飽きるということは、ある一定のところまで到達した、ということなのでしょう。始めたばかりのころは発見や驚きに満ちていたことが、それ以上は変わりえないという実感が続くようになると、飽きてしまうわけです。それは仕方がないのかもしれません。

八割はできた、そのあとは？

物ごとというのは、たいてい八割までは、がんばった成果が順調にかたちになってゆきますが、そこから先は別次元になります。今までは着々と右肩上がりで伸びてきたものが、八割まで達すると、そこに止まったままの状態がずっと続くのです。そして、それに飽きてしまう自分がいます。

さて、飽きてしまったとき、どうしたらいいのでしょうか。

まず、やめるという方法があります。面白くなくなったからランニングはやめて、今度はサッカーをやってみる。それもひとつの方法です。

もうひとつ、飽きたときに改めて学び直すという方法もあります。八割のその上に行くにはどうすればいいか。つまりそれは、残りの二割に挑むかどうかです。今までとは違う新しい学びがないと、残りの二割には進めません。

つまり、やめるか、もう一度ゼロから真剣にそこから先のことを学ぶか、どちらかの選択になるのです。

たとえるならば、足し算と引き算は完全に覚えたけれども、そればかりやっていてもつまらないから、ぜんぜん別の演算である掛け算と割り算を学ぶ。八割より上の世界とはそういうものです。

上の世界に行くためには、まずその存在を知っていなければなりません。ふつうの人は世界は八割までしかないと思っている、そういう状況のなかで、残りの二割が存在しているということを知ることができるかどうかが大きなポイントになってきます。センスや好奇心がないかぎり、あるいはよっぽど親切な人がいて教えてくれない限り、上の世界の存在を知ることは難しいのです。

そして本来、八割から上の世界こそ、とても素晴らしいものです。走ることに限らず、どんなことにおいてもそうです。

「美しさ」にたどり着く

僕は、ランニングでも、八割よりも上の世界を学ぼうと決心しました。そこにはいろいろな学びがあったのですが、「走ること」においての八割よりも上の世界は、「速く走る」、「長い距離を走る」あるいは、「マラソンをする身体を作る」などといったことではありませんでした。

それは「美しさ」ということでした。

もしもそれまでの僕の走りについて、「きみがやっていることは美しいのか」と聞かれたなら、それは美しくもなんともなかった。ただ、ある程度のペースで、ある程度の距離を、無理なく走ることができているというだけだったのです。

ほかの人の走りを見て、正しいフォームを学んでいるつもりでしたが、自分の走りをどういうステージに持っていきたいかということまでは考えていませんでした。自分でイメージしていたのとはうらはらに、周囲から見ればまだ、必死になってバタバタ走っているだけだったのでしょう。

ランニングに限らず、仕事においても八割程度のできばえでは、たいてい

「美しい」というものはありません。

もっと高い世界をめざすには「美しさ」がなければいけないということに、気がつくことはできましたが、では美しく走るにはどうすればいいのでしょうか。

そこでは距離やタイムは関係ありません。美しく走ることにひとつの価値を見いだし、そのひとつひとつを学んで訓練を重ねていく。今までのやり方とはまったく別のメニューを組み立てて、再び積み重ねていく——五年続けてきた僕のマラソンは、そこにたどり着きました。

ある一定の成果にたどり着いたとき、次に美しさを求めるというのは、仕事にも暮らしにも共通していることだと思います。

上の世界に行くための発見

ただ暮らしにランニングを取り入れるだけなら、７キロを四五分で週三回で十分なのです。けれども僕は、もっと上の世界を生み出したい、そこを体験して自分を発見したいと思いました。

そこで、それ以降は、自分のマラソンのテーマを「美しく走る」にすることにしました。美しさというのは普遍的なテーマであり、人生のすべてに通じるものです。

僕たちの身のまわりにはいろんなプロジェクトや仕事がありますが、ほとんどのことが八割程度で止まります。時間を横軸、クオリティーを縦軸にしてグラフを描くと、時間の経過とともにクオリティーは上昇しますが、ある時点で横ばいになります。どこかのタイミングで頭打ちになるのです。しかもそれはだいたい八割のところです。

それ以上、上に進むには、今までとは違ったテーマが必要です。どちらの方向に進むのか、テーマがない限り、そこから上昇していくことはありません。僕の場合、ここから先、走るうえでの新たなテーマは、「美しさ」なのだと気がついたのです。

僕は、より多くの情報や知識を吸収したいと、つねに心がけています。そして誰よりもたくさん、そして深く考えるように心がけています。そんな自分にとっても、この「美しさ」という着目点は、ある種の発見だと思っています。「美しさ」というのは、あらゆることの究極的な原理であり、原則であると思います。少しばかりかじったくらいでは見えてこないのが美しさです。走り始めたばかりのころには「美しさ」を意識することなどありませんでした。たとえば、アルバイトを始めたばかりの人は、「自分は美しく仕事をしよう」とは夢にも考えないものです。

僕はこの年になるまで悩んだり苦しんだりしながら、どんなことに関しても、新しいテーマを決めて、それを追求することで学びを重ねてきました。マラソンに限らず、仕事においても、家事や人間関係においても、「自分の今の状況よりもっと良くしていきたい」という気持ちが強くあるのですが、そのためには自分で新しいテーマを見つけ、それを取り込むしかない。いつも意識的にそう思っているのです。

美しさは、偶然出会った何かがきっかけになって手に入るというほど、簡単なものではありません。ましてや、どこかで落ちているようなものでもありません。

では、どこから来るかというと、やはり、経験の蓄積から答えが出てくるのです。肝心なのは日々考え続け、悩み続けることです。ずっと考えて、その考えを進めていくためにいろんなことを経験する。そうすると結局、素直にならざるをえないのです。

美しい走りに必要なもの

どうしたら美しく走れるのだろうか、僕は徹底的に考えました。

それまでは準備体操と整理運動をして走るだけでした。腰痛のために体幹にも注目して、腹筋運動を続けていました。

美しく走るにはランニング・フォームが重要で、これは永遠のテーマです。

そこでは下半身や心肺の機能を鍛えるよりも、体幹を鍛えることがポイントです。極端に言ってしまうと体幹の主なものは腹筋ですから、思いきり腹筋を鍛えます。

そうです、ここでもまた体幹なのです。体幹すなわち腹筋を鍛える大切さは、以前、腰を痛めたときに実感したものです。腹筋を鍛えるトレーニングはいろいろあります。本やネット上にはいくつものメニューが紹介されていますし、腹筋ローラーなどの器具を使う方法もあります。そういうものも積極的にトレーニングに取り入れています。

腹筋に加えて背筋も鍛えたり、柔軟性やしなやかさを持たせるためにストレッチにも力を入れています。つまり、美しく走るためにしなければいけないことは、山ほどあるのです。

さらに、美しく走るためには姿勢が良くなければいけません。体幹がしっかりしていないと、どうしても姿勢が悪くなります。そして手足がきれいに開いていかないと美しく走れないので、ここでも柔軟性が必要になってきます。

「美しさ」をテーマに決めて間もないころは、美しく走るためには腹筋と柔軟性が大事だということを知りませんでした。けれども、自分なりの学びを重ねて、そういうことがわかってきたわけです。

今の僕にとってはタイムや距離よりも、美しく走ることのほうに関心があります。体幹や柔軟性のクオリティーを高めれば、昨日よりも今日のほうが美しく走れると考えています。

フォームは足音にもかかわってきます。走ってくるとき、バタバタとやってくる人もいれば、スッスッスッとやってくる人もいるし、ペタペタとやってくる人もいる。

一番いいのは、音がしない走り方です。また、美しく走るには呼吸が乱れないほうがいいのです。こういうことは、距離やタイムとはまったく関係ありません。美しく走れるようになれば、距離はあとからいくらでも伸ばせますし、その気になれば速く走ることもできるでしょう。

ほんとうのクオリティー

どうしてこんなに「美しさ」を求めるのでしょうか。誤解を恐れずに言うならば、美を追求するかしないかで、成功するかどうかが決まると思ったからです。

ひと口に「美しさ」と言っても、いろいろな美のありようがあります。僕がここで重要だと思っているのは、誰もが美しいと思うものを選び、創造できるかどうかです。自分だけが美しいと感じる程度のものは、ほんとうの美しさではないと思うからです。

そこでは、「自分の器の大きさ」とでも言うようなものも関係してきます。他者に対して思いやりを持てるかどうか。あるいは、何のためにそれをするのかについて明確な考えはあるか。美しさを選ぶときには、いろんな面から個人のセンスや感性が問われます。さまざまなやり方で取り組むことができると思いますが、どんな場合にも基本的には、全体像が見えていることが大事です。全体像が見えたなら、あとは挑むかどうかです。

僕は走ることをとおして、八割より先の世界があるということが、多くの事柄に共通していると気づきました。もしかしたら走らなくてもそれに気づいたのかもしれませんが、走ることでよりはっきりと発見したのです。「走ることも仕事をすることも、家事をやることも人間関係も、どんなことでも八割より先を見てこそ本当のクオリティーが発生する」と。

まさに身をもって実感したのでした。

準備をしておく

いま、「美しさ」を知るために、さまざまな角度から情報収集し、試行錯誤しながら、自分の力で学んでいます。その過程で、いくつかの気づきがありました。

そのひとつが「準備をしておく」ということです。

日ごろからきちんと準備してあれば、何か不測の事態が起きたときにも、従来の集中力を発揮することはできます。いきなり想像もしなかったトラブルが起きたとき、ふだんからある程度準備してあれば、なんとか対処できるでしょう。何が起きても、いっきに自分の集中力を高めて、その場で自分の実力を十全に発揮することができます。「備えあれば憂いなし」と昔から言われるとおり、日々準備しておくことが大事なのです。

いつでも「走ってください」と言われたら、すぐにスタートできるように基礎体力をつけておく、これも準備でしょう。美しく走るために、日ごろから体幹を鍛えて柔軟性を身につけておく、これも準備です。このように、何ごとにもつねに準備が必要です。準備には、これで完璧というのがありません。重ねれば重ねるほどいいのです。

準備とは、仮説を立てて何かに取り組むことです。もしかしたらこうなるかもしれない、ああなったときにどうするか、そういう仮説のために考えておく。

それが準備です。

たとえば、会社に行くときに東京駅を経由するとして、東京駅で電車が止まってしまった場合のことを考えて、ほかの手段をいくつか調べておく。あるいは、ある日突然、会社を解雇されたときのことを考えて、自分の手の内をある程度把握しておく。じゃがいもがなくてカレーを作れないという場合、そのほかの料理のレパートリーをいくつか持っている。準備をするとは、何かのための方法をつねに考え、確保してあるということです。

準備をしようとすれば、それだけ深く学ばなければなりません。準備をすればするほど知識がふえて、何が起きても自然に対処できるようになるのです。これは別の本にも書きましたが、あらかじめ準備をしておけば、何か頼まれたときに即答できます。「一日だけ考えさせてください」なんて言っていたら、誰も仕事をまかせてはくれません。その場で即答するためには、つねにたくさんの準備をしておかねばならない。自分でたくさんの仮説を立て、シミュレーションしておくこと、その大切さははかりしれません。

マラソンを通じてさらに「そういうことは大事だな」と実感し、日々確かめています。

自分が大切にしているアイデアのクオリティーを少しでも高めるために走ります。走ることによってリラックスし、リフレッシュし、頭を整理します。走ることは、日常のサプリメントとしての役割も果たしているわけです。

美しさへの理想の距離とタイム

さて、ふだん走るときは、ＧＰＳ機能付きの時計をしています。この時計には、今まで走ったタイムや走行距離が記録されていますが、過去の自分のレコードは見ないようにしています。タイムを縮めるのがランニングの目標ではないので、昨日までの記録には興味がないのです。

僕にとっては、走っているタイムよりもペースのほうが重要で、自分でベストだと思っている、美しく走るためのラップタイムを時計で確認しています。

僕の理想のタイムは、1キロを五分四五秒で走る、というものです。このペースが、僕にとって今一番美しい走り方です。何年も走っている人にとって、これは速いタイムではありません。むしろずいぶん遅いのですが、速く走るよりも、1キロに五分四五秒をかけて、ていねいにすべてに神経を行きわたらせて遅く走るというのが、ことのほか大変なのです。

仕事に置き換えて考えればわかりやすいかもしれません。ともかく速いけど、多少荒っぽい仕事のしかたと、誰もが感嘆するほどの精度できっちりとまとめ上げてある仕事。今の僕は後者をめざしていて、速くするよりも、そこから派生してくる多くのことを味わいながら、楽しみながら走りたいと思っています。

そのために時計が必要なのです。それを見ながら「ああ、少し速くなった」と思ったら、ペースダウンします。

ランニングの終盤は、たいていペースが落ちてくるものですが、僕の場合、最初から最後まで、ほぼ同じペースで走っているので、息も上がりません。

新しいランニングとは何か

もちろん、ランニングを楽しむ人の多くは、僕とは異なる目標で走っているようです。速いタイムを目標としている人もいるでしょうし、ジムなど室内でカロリー消費のために走っている人もいるでしょう。

どのやり方も、その人に合っていればいいと思いますが、最近では自分を追い込む体育会系の走りではなく、もう少しリラックスした走り方が主流になっているような気がします。タイムや消費カロリーといった数字を追いかけたり、スポーツとして他の人と競ったりするような走り方ではなくて、もっとゆるい、自分の体調管理のためのランニングだったりジョギングだったりマラソンだったり。つまり「カフェに行ってきます」という感覚の走り方です。

「家庭」と「職場」以外の自分の居場所として、「サード・プレイス」という言葉がよく使われますが、ランニングもそのひとつと言っていいと思います。

ひとりになって自分をリラックスさせ、なおかつリフレッシュさせるわけですから。

僕のランニングは、まさに、サード・プレイスとしてのランニングで、そのありようとして、リラックスした1キロ五分四五秒が目安なのです。

古い固定観念にしばられない

思えば、走ることでひとりになって、自分に没入できるというのは、とても贅沢な時間です。前にも書いたとおり、たいていの時間は家族がいたり、友だちがいたり、職場の同僚が一緒にいます。たとえばひとりでお茶を飲んでいる時間はひとりきりかというと、それも微妙で、公けの場にいる限り、どうしても周囲に気を遣い、その意味では人とかかわらざるをえません。

ひとりの時間は、自分なりの走り方や鍛え方を模索し、それを試すことによって得られる何かを見つける時間です。僕にとっては、そういう行為が必要でした。距離やタイムのことはちょっと外に置いておいて、走ることで生き方についての新たな価値観を見つけていく。走ることはただの運動ではないのです。走ることに向けてのさまざまな営みをとおして、生き方についての大切なことがたくさん見つかりますし、漠然としていたものがはっきりと見えてきます。新しい価値観を発見する、それは今後も僕の理想となっていくはずです。

何ごとであっても既存の目的や目標や価値にならう必要はありません。距離やタイムや消費カロリーという目標のために走る必要はないのです。

自分の目標がはたして適切なものかどうか、時にはよく吟味してみる必要があると思います。働き方についてもそうです。

これは強く時代を象徴していることだと思うのですが、たとえば、かつての日本には、何かひとつのことを成功させるために、みんなで何十年もがんばる、それを美意識や美学としてとらえていた時代があります。その時代は、従業員は終身雇用制で年齢給の企業がほとんどでしたから、何かに何十年も打ち込む粘り強さは、当たり前のことと見なされてきましたし、平等を重んじながら、みんなで一致団結の上、仕事を成し遂げていったのです。それは魅力的に見えますが、今の時代、あまり現実的ではないでしょう。

今は、どんな分野でも、どんな職場でも、下積みは長くかかって五年ぐらいです。ふつうは三年ぐらいでなんらかの成果を出すことを求められます。

つまり、今はつねに粘り強く、みんなで一緒に行動する時代ではないと思うのです。それにとらわれている限り、新しい価値を見いだすことはできません。

働き方のみならず、生活のなかのもろもろのことに対しても、もちろん「走ること」についても、新しい方向や新しい意識を持つべきです。逆に、時代に合った日々の姿勢を持っていないと、社会から孤立していきかねません。

世の中はものすごい勢いで変化しています。誰もがなんとなくそれに気づいているのですが、「では、具体的に何が変化しているのでしょう?」と聞かれたら、あなたははっきりと答えられますか?　世の中の何が変化しているのか、それを自覚していないから、自分自身も変われないのでしょう。現に情報・意識・知識の有無によって収入や生活水準の格差が生まれているのは事実なのです。

世の中の構造や仕組みが激しく変化しているそのなかで生きていくなら、すでに新しいスタンダードがいろいろと生まれていることを敏感に察知しなくてはなりません。

マラソンに関連することでは、少し前まで言われていた「運動するときは水を飲むな」というのも新しい時代に合わなくなったスタンダードです。「『走る』とは、肉体の限界に挑むことだ」とか「フルマラソンに出なければいけない」などと言う人がいますが、それは今の時代には合わないと思います。

それまで自分たちが信じ込んでいた答えや考え方がどんどん覆されています。大切なのは、それがどういう理由で覆されたのかを知ろうとする態度なのだと思います。

毎日、新聞を読む、さまざまなメディアに触れる、知らないことについて本を読む、詳しい人の話を聞く、そういうことが習慣になっていれば、時代に合った新しい知識や考え方はどんどん吸収されるでしょう。

僕はいろんなことを吸収したい、日々自分を変化させていきたい、そう思っていますから必死です。

走ってリフレッシュする

走ってる最中は頭のなかがリフレッシュされます。いろんなものがふるいにかけられ、落ちていく感じがするとでも言いましょうか。

仕事をしていると、頭のなかにはさまざまな情報や感情、タスクや知識が溜まっていき、パンパンになります。次第にヒートアップしてきますし、そのあげく、思考がしばしばフリーズするような状態に陥ります。けれども、走ることによって頭がリフレッシュされ、クールダウンされ、大事なものだけが残るのです。ひとりで走るというきわめてシンプルな時間は余計なものをふるい落とし、どうでもいいことを忘れさせてくれます。

頭の働きは、余白が確保されていないと冴えませんし、動きも鈍くなります。

時には強烈に集中しなければならないことがありますが、そのとき、ぐっといっきに集中できるポテンシャルがあるかどうかは今の時代に仕事をするためには重要です。いつ何が起きても、柔軟に対応できるようにしておかなければならないので、ポテンシャルが高いかどうかは、思っている以上に大切なのです。

走ることによって頭のなかのコンディションは整えられます。

机の上を片づけるように、ランニングで頭のなかを整理し、リフレッシュさせます。つねに最大の力を出せるように、自分を整えるのです。

走り始めはつらいし、「寒いな」、「暑いな」などという程度のことしか感じていません。ですが、「今日の体調はどんな感じ?」と問いかけ、自分の身体に耳を澄ませています。

走りに体が慣れてくると、「虫が鳴いているな」、「今日は空気が澄んでいるな」、「ああ、梅が咲いてきたな」などと、ふだん使わない感覚のほうが働くようになります。仕事をしている最中は室内にいますし、集中しきっていますから、空の色や雲の様子、風の匂いなどに、じつはあまり意識が向かないのです。

走っていると仕事の最中に触れることのできなかった、身のまわりの自然の色や変化にたいする感度が高くなってきます。

僕は走ることで悩みごとや考えごとを解決したり、新しいアイデアを練ったりすることはできません。でもそれでいいのです。ランニングの目的はあくまで、自分をリラックスさせることですから。「ああ、今日は花がきれいに咲いてるな」、「空がどこまでも澄んでいるな」、「小学校の子どもたちは無邪気だな」などと感じていると、自然に頭のなかが整理されてきます。

外を走っているからこそ感じるそれは、幸せなことですし、うれしいことです。走っているときはできるだけ、自分の頭や心を支配していることをはずすようにしているのです。ランニング以外の時間は寝ていようが食事していようが、ずっと仕事や生活のことを考えているわけですから。それぐらいでないと仕事のクオリティーは保てません。走っている最中は、自分をそういうことから解放する時間でもあるのです。

これが、走ることが僕のよりどころになっている大きな理由のひとつであるとも言えます。つまりこれは、自分を現実世界からはずす手段なのです。走っている最中というのは、ある意味で非現実ですから、現実逃避できるのです。せいぜい一時間程度の現実逃避できて、すっきりした気分で戻ってこれるのですから、とてもいいと思いませんか。

マラソン大会に出場する

さて、ある程度、走りの実力がついてくると、マラソン大会で走ってみようと思う人も多いでしょう。今はいろいろなマラソンの大会があります。5キロ、10キロ、ハーフマラソン、フルマラソン。さらには100キロマラソンやトライアスロンもあります。関心があれば、自分に合っていると思う大会に自由に出てみればいいと思います。

どこでどのような大会が開催されるかは、今はウェブサイトで簡単に調べることができます。「これ」と決めた大会にエントリーすれば、出場するまでにしなければいけないことはとくにありません。

マラソンの大会は、日々のルーティンとはまったくの別物です。いわば、レースはお祭りに参加するようなものです。お祭りに参加するのに練習は必要ないでしょう、というのが僕の考えです。

もちろん、そこで何位以内に入りたいとか、ゴールの目標タイムを設定すれば、それに合った練習が必要です。

はっきり言ってしまうと、ふだんの暮らしを整えるために走っている僕にとって、大会というのはそれほど重要ではありません。それでも、毎年、台北マラソンや、湘南国際マラソンに参加しているのは、自分が走ったことのない街を走る楽しさがあるからです。台北の街なかを走ったり、湘南の海を眺めながら走ったりするのは気持ちのよいものです。

東京に住んでいる僕は、正直に言うと、東京マラソンにはあまり興味はありません。東京の景色は知り尽くしているからです。けれども台北や湘南、それ以外にも、函館やニューヨークなどは自分で走ったことがありません。だからこそ「今度はここの街を走ってみたいから、参加してみようかな」と思うのです。

マラソンの大会は、どこかの街を訪れるひとつのきっかけになっているのです。「この街を走るのは楽しそうだな」と感じたら、参加するために旅をする。出かけた先の景色を見ながら走れば、特別な旅になります。

今はエントリーもインターネットでできますから、日本の大会でも海外の大会でも、出場はとても簡単です。

さまざまなマラソン大会が開催されていますが、あまりにもレジャー度が高いものですと興味がわきませんし、ちょっと違うかなと思います。その土地ならではの景観を楽しめる大会が好きです。

飛行機で四時間の台北などは、小旅行的な感覚ですぐに行けそうです。とくに台北マラソンは、今とても盛り上がっています。丘の上から海岸線までを走る函館マラソンも良さそうです。福岡マラソンや京都マラソンもいいと聞きます。どこであれ、都市で開催されるマラソンは魅力的です。

マラソン大会で走るための目安

マラソン大会に出場するなら、二時間を走り続けることができる体力を手に入れるだけで十分だと思っています。「今から二時間走ってください」と言われたら「はい、わかりました」と、さっと走ることができる、そういう体力を持つことが、僕にとってのひとつの目安です。

人間が二時間、同じ動きをしつづけるというのは、あまりにも単調で、意外に大変なことです。

しかも走ったあと、息が上がっているというのでもなく、翌日は「じゃあ、仕事に行ってきます」という感じなら、さらにいいと思います。

20キロを走ってもいつもとかわらない状態でいられる――そういう状態をキープしておくことが僕にとっても目安です。逆にそれ以上のことは望んでいません。それ以上を望むと、もっと訓練しなければいけなくなるからです。

この「二時間走り続けることができる」というのは、誰にとってもいい目標になると思います。それができればフルマラソンを目標にすることができるからです。7キロ四五分のペースを二時間走ると、だいたい20キロ程度の距離を走ることになりますから、ハーフマラソンの距離とほぼ同じです。

今後は、つねに20キロ走れる状態にしておくというのがひとつの目標です。

僕は今10キロを一時間で、週三回ほど走ってます。

それが20キロを週三回になると体力的にも、ちょっとつらくなります。つまり、やり過ぎということです。

無理して走らない

体調が悪ければ、自分が決めている距離を走れないこともあるでしょう。あるいはどこかが痛くなったときも、無理して走ることはありません。

ランニングは体育会系のスポーツではなくて、リラックスするためのものですから、その日の自分の体調と向き合いながら走るのがいいと思います。僕も、体調次第ではひと月以上ものあいだ、走らないことがあります。

今日は晴れていて気持ちがいいから、いつもよりもうちょっと走ってみようか、と思ったら、それもいいでしょう。けれども走り始めて痛かったら、歩いて帰ってきます。そのつど自分の体調と向き合い、無理はしないと決めています。

「明日は忙しいから、今日はこのぐらいにしておこう」という体力的なことはあまり考えません。20キロまでなら、体へのダメージはほとんどないのです。ですから今日走ったから、明日が大変だということはないのです。そうなるにはやっぱり三年かかりますが。

10キロ程度のマラソン大会に出ても同じです。フルマラソンだったら、次の日はさすがにダメージは残ります。

そんなふうに、自分の日々の生活に影響がないから長く続けることができますし、影響が出ない程度に走っています。

年齢とともに生きる

「自分の暮らしを心地よいものにしたり、仕事の上で目標を達成したりするには、何が必要ですか？」、そう聞かれたら、迷わずマラソンを挙げます。走ることを自分の生活に組み込んでいかなければ、僕はそこで成果を出せないと思っています。そのくらい自分の人生にとって、マラソンはフィットしているのです。

そう感じるのには、年齢的なことも関係していると思います。三〇代から四〇代までの心身の変化と、四〇代から五〇代までの心身の変化とは、まったく違うものです。年齢とともに社会との結びつきはいっそう強くなりますが、一方、それは責任の重さが増すということです。若いころとくらべると、相談を受けたり、正しい判断を下さなければならないことが圧倒的に多くなりますから、のんびりしている余裕はなくなります。歳をとって楽になることは、何ひとつありません。むしろ求められることばかりがふえていき、それにどう取り組めばいいのかという問題に直面します。つねに鍛えたいと思っていないと、そこを超えられない現実が待っています。

誰もがぎりぎりで生きていますから、ひとつでもバランスを崩すと、病気になったり、気持ちが萎えてしまいます。そういう瀬戸際を歩いていかなくてはならないから、心身が悪い状態に陥らないように自分で調整していくことが必要です。この現実は偉い人もそうでない人もみんな同じだと思います。そんな五〇歳からの生き方に、マラソンが与えてくれる恩恵ははかりしれません。

向上心をあきらめない

いくつになっても「自分はまだまだ成長したい」という向上心は大事です。五〇歳を越えると、向上心は「人生をあきらめない」ということになるのかもしれません。五〇歳になったからもういいや。家も車もあるし、貯蓄もある。

子どもも一人前になったから、もうチャレンジしなくてもいい。あとは無理をせず、年金をもらって食べていければいい。こんなふうに考えてしまったら、その先に成長はあるのでしょうか。答えは明白です。もしもそこで止まらずに、さらに成長を続けたいと思ったら、それまでよりも、さらにチャレンジし努力を重ねなければなりません。

人間にはさまざまな成長のスタイルがあると思います。健康を維持して、心や知識の面で向上心を持ち、自分をもっと伸ばしていこうとする、あるいは、もっと変化させていこうとする、このような健全な成長は、とても大変なことで、勇気もいります。一日は二四時間しかありませんし、自分という人間もひとりですから、今までやっていた何かをやめないと新しいことを始められないこともあるでしょう。けれども、「自分はもっと成長したい」という強い気持ちがあれば、いつでも何かを始めるという営みを繰り返していくことができるのです。

歳をとればとるほど、苦労や大変なことは多くなりますけど、つねにチャレンジし続けることは大事です。僕の場合、「自分はどんなふうに変化していくのだろう」という好奇心もあります。

もちろん自分のチャレンジにはリスクがついてまわります。自分が持っている時間を何かに使うということは、一種の投資です。使ったけど無駄だったということがある一方で、使ったからこそ何らかの成果が得られたということもあるからです。

さらに、五〇歳を越えるくらいになったら、自分の時間の使い方を、もっと真剣に吟味していかなければなりません。僕は、自分の限られた時間のうちのいくばくかをランニングに当てています。ランニングはここでも人生に恩寵をもたらします。それは、「長い目で見て、自分に何かが起きるだろうな」という希望があるからです。一日中フルに働いて、仕事を終えると疲れきっていますが、毎日が楽しくて清々しいのです。

健康は財産

いつも新しいことに、次から次へとチャレンジしていきたいと思っています。そのためには強靭な身体がどうしても必要なのです。けれども、それはお金で買うわけにはいきません。自分でコツコツ時間をかけ、積み重ねて作っていくしかないのです。「どんなにお金持ちでも、割れた腹筋は買えない」という言葉がありますが、よく言ったものです。誰もが等しく努力するしか方法はありません。

僕は人づき合いも非常によいというわけでもありませんし、そういう意味では、走ることに出合えたことは大きな幸運でした。

仕事の予定はいやおうなく入ってきます。とにかく忙しくて、自分の時間はどんどん仕事で埋め尽くされていきます。走る時間を作るのは実際のところとても難しいのですが、それでもあきらめずに続けているのは、走ることが大切なライフスタイルのひとつになっているからです。

だからこそ、リラックスして楽しく長く走れることを大切にしたいのです。自分の生活の一部にランニングを取り入れることで、きっと人それぞれに得られることがあると思います。これからどのように生きていくか、これからどのように人とつき合って関係を深めていくか、これからどうやって仕事をしていくか、ランニングはそれらを知るきっかけとなるのです。ずっと走り続けていたら、やがて五〇歳をすぎて僕ぐらいの年齢になったときに何かしらのヒントや助けをくれるはずです。

年齢とともに、体力はどんどん低下します。とくに四五歳以降は、驚くくらい体力は低下します。何も運動をしないでいると足腰が弱くなりますし、体のあちこちに痛みも出てきます。自分のポテンシャルが落ちてきて、「自分はもっと成長したい」、「もっと伸ばしたい」、「もっとチャレンジしたい」と思っても残念ながら体がついていきません。そうならないように基礎となる体力をつけなければなりません。努力を払ってでも、強靭な肉体を手に入れていれば、いくつになってからでも新しい何かにチャレンジできるのだと思っています。

高い意識を持った人たちはたいてい走っています。その一方で「どうせ俺なんかダメだ」と思っている人や、何に関しても面倒くさがる人たちは、たいてい走っていません。彼らは会社に対しても文句を言うばかりで、自分では何もしないでしょう。「じゃあ会社を辞めれば?」と言うと、「生活があるからそれは無理だ」と答える。そういう人たちはたいてい、たるんだ腹をしています。

「このままではだめだ」ということに気づき、走り始めた人は僕だけではありません。たくさんいるのです。人生においても仕事においても、五〇歳からが本番。今までは人生の準備期間で、これからが自分の出番なのだと感じています。自分に必要なことを見据え、やるべきこととやらなくてもいいことをきちんと分ける。そのためには自分の生活や時間をきちんと管理していかなければいけないと思っています。

四〇代までは、ただ与えられていることを一生懸命やっているだけですが、五〇代からは自分が本当にやりたいことに情熱を傾けることができるのです。

そこで自分の思いを実現させるには体力が必要ですし、精神的なメンテナンスも欠かせません。その意味でも、ランニングは役に立つと思います。

美しさはすべてのもののなかに

速く走ろうと思うときりがありません。僕はそこに自分の目標を設定していません。あくまで美しく走りたいと思っているのです。

美しい走り方を追求していくうえで、お手本はたくさんあります。

たとえばテレビのマラソン中継。先頭集団を走る選手たちのフォームには、走るためだけにとぎすまされた美しさがあります。当然のことですが、僕にとってもよいお手本になります。つまるところ、美しくなければ長い距離を走れません。エリート選手は、走りの究極には美しさがあるということを知っているのでしょう。だからこそ、フォームを研究し、どんなときでも、美しく走れるように練習しているのだと思います。

もちろん選手それぞれに美しさは異なります。走るフォームも違います。歩幅が狭く上体を動かさない選手、手足を大きく振ってダイナミックに走る選手、ひとりひとりの選手に特徴がありますが、どの選手にも、みな美しさがあります。それを見ながら、素直に「美しいな。自分もこういう境地に近づけたらいいな」と感動しています。

感動するということは、それが美しいからでしょう。その美しさが何なのかということを、これからも学んでいきたいです。

美しさとは、走ることに限らず、生きていくためのすべてのことが走ることと同じなのです。結局、僕は、自分自身の営みのなかに、ささやかな美しさを求めているのかもしれません。

文庫あとがき　無邪気さを取り戻す喜び

いつものようにマラソンをしていたら、ふと忘れかけていた記憶が蘇った。小さい頃、ドアを開けて、家の外に出た途端、矢のように勢いよく走り出していたことだ。

「あぶない。走っちゃだめよ」と母に叱られながらも、気持ちを抑えきれず、どこまでも思い切り走っていったあの行動はなんだったのだろうか。

エネルギーが有り余ってのことなのか、それとも鎖を解かれた動物のような開放感からなのか、とにかく外に出たら、目の前の道を猛ダッシュの僕だった。

そしてまた、家の外に出たときだけでなく、どこまでも真っ直ぐに伸びる道に出合えば、そのときも走りたい衝動に駆られて息が切れるまで走った。

そばに友だちがいれば、一緒になって走るのが遊びにもなった。振り返ってみれば、子どもの僕にとって走るということは、楽しさであり、とびきりの快感でもあった。

子どもはみんなそうだと言ってしまえば終わりなのだが、もしかしたら今、自分がマラソンという走る行為に何かしらの喜びを感じていることと、あの頃の走る快感のようなものはどこかで重なっているような気がしてならない。

大人になるにつれ、あの衝動や快感を自然と失っていくのだけれど、ほんの僅かに、その子ども心というものが、五十半ばを過ぎた自分の中にも、まだ残っているかもしれないと思うとなんだか嬉しい気持ちになる。

となると、日々の習慣になっているマラソンの心地よさとは、セルフケアだけでなく、走るだけで嬉しかった子どもの頃の無邪気さを取り戻す喜びもあるのだろうと思った。

もう十年以上もマラソンを習慣にしていて、走りながらいろいろなことを考えたり、何か感じることは常にあったりするのだが、この新しい気づきはちょっと驚きというか、これからも続くであろうマラソンの良きモチベーションにもなった。

年齢を重ねて老いていく身体を受け入れつつも、失いかけていた無邪気という精神を走ることで取り戻していく喜びは大きい。うぬぼれて言うわけでもないが、もしかしたら、走っているときの自分は、子どものときのような顔をしているかもしれない。

走ると疲れる、と思うか、走ると楽しい、と思うか、この差は人生において大きい。

これからの未来も、走ると楽しい、と思える自分でいられたらと願う今日この頃である。

今年の夏はとても暑かったが、たくさん走った。おかげで真っ黒に日焼けした。

解説　遠くまでいくための本。

茂木健一郎

走ることは、身体や脳、心の健康に良い。この点については、さまざまなエビデンスがある。それにもかかわらず、世の中で走っている人たちはあまりいない。友人たちに聞いても、走ることを習慣にしている人はむしろ少数派である。子どもの頃からずっと走ることを習慣にしている私としては、なぜだろう、もったいないなあとずっと思っていた。

走るということの経験について、松浦弥太郎さんが磨き上げられた言葉で綴ったこの本は、ランニングという魅力ある世界に読者を引き込むきっかけになるのではないかと思う。読みながら、「そうそう」、「まさにその通り」と共感し、頷《うなず》くポイントがたくさんあった。

松浦さんが走り始めた経緯が興味深い。人気雑誌、「暮しの手帖」の編集長として「二四時間三六五日、いつも本や雑誌のことを考えて」いる生活の中、「集中力が低下し、どんどん階段をおりるように不調が現われ」てしまった松浦さん。「心療内科の戸を叩き」、「自宅に帰ってきて、薬を手に置き、それを見て」いた時に、ふと「ちょっと走ってみようか」と思われたとのこと。

それから、松浦さんのワークライフバランスのとれた、健康で前向きなランニング生活が始まっていく。松浦さんの心の旅路は、走ることがすでに習慣の人にはもちろん、これから走ろうかと思っている方、あるいはランニングなど私には無縁だと思っている人、すべての方々にとって興味深いものだろうと思う。

心と身体の調子を整えるために走るというのは、私自身も実行していることである。ちょっとバランスを崩しそうだなと思うと、走って治す。身体の中で循環が良くなって、ストレスが解消し、心身の調子が向上する。体調が悪い時にはさすがに休むが、ちょっとした不調の兆しがある時はむしろランニングして治すというのが長年の習慣である。

私自身が最初に意識的に走ったのは、確か、小学校二年生の時だった。放課後、なんとはなしに走ってみようと思って、200メートルトラックをぐるぐると回った。三〇周くらいしたあたりで下校のチャイムが鳴って時間切れになった。最初は「ちょっと走ってみようか」と思ったのが、松浦さんと共通している。

以来、ずっと走り続けてきたけれども、意識的に取り組むようになったのは大学生の頃である。当時の私は「コミュニケーション障害」気味で、なかなか他人と打ち解けて話せなかった。そのもやもやを吹っ切るように走ることで、ストレスの解消をしていたように思う。

初めてフルマラソンを走ったのは四〇歳の時。なんとなく、「このままでは体力も気力も落ちていくんじゃないか」という危機感から、「42・195キロ」に初めて挑戦してみた。以来、毎年のようにフルマラソンを走る人生になった。私にとっては、健康診断のようなものになっている。「ああ、今年もなんとか走りきれた」と確認することで、自分の体力や気力の充実ぶりを確認しているのである。

松浦さんが「マラソン大会で走るための目安」として「二時間走り続けることができる」ということを挙げているのは共感できる。そのようにして、自分自身の心や身体の調子と対話することは、とても大切だと思う。

走ることとは、「自分の調子を知るためのひとつの指標」になると松浦さんは書く。ランニングは「心身の状態のリトマス試験紙」になるという松浦さんの洞察は、ほんとうにその通りだと思う。

「走っていると、自分の状態――健康の状態もそうですが、心の状態、もしくは人間関係や仕事の成果などの状態も――がよく見えるものです。ちょっとした違和感や気になることがあったとしたら、それには必ず、自分のなかに原因があるからです。早めに見つけ出して、改善していく――つねにそれを繰り返していかないと、自分を変えていくことになりません。」（八九ページ）

松浦さんのこの文章は、「走る」ということの人生における意味を過不足なく表していると思う。一つの生命哲学と言っても良い。本書にも引用されている村上春樹さんの『走ることについて語るときに僕の語ること』もそうだが、ランニングは人生についての対話であり、人生そのものであることを見抜いている人は遠くまでいく。村上春樹さんのような小説家や、松浦弥太郎さんのようなエッセイストが走り続けるのは、そこに魂にとっての「鏡」を見るからだろう。

現代人は忙しい。朝から晩まで情報の洪水である。コンピュータやスマホの画面を見つめる「スクリーンタイム」は、仕事や遊びの区別なく、長くなる傾向にある。

そんな中、脳にとって必要なのは、外界からの情報をシャットアウトしてアイドリングする時間である。そのような状態になって、初めて働き始める「デフォルト・モード・ネットワーク」と呼ばれる回路があることがわかっている。

文字を読んだり動画を見たりといった特定の情報処理にかかわっていない、いわば脳が「ぼんやり」した状態になって初めて「デフォルト・モード・ネットワーク」が活動し始める。そして、脳の全体にゆきわたるその神経活動の中で、記憶が整理され、感情のひずみが解消し、ストレスが軽減する。さらには、脳の中で「ドット」と「ドット」が結び付けられて、新しい発想も生まれる。

本書において松浦弥太郎さんが書いているように、走ることで初めてできる仕事がある。私にとっても、ランニングは日々を重ねる上で欠かせない、まさに「走る書斎」のようなもの。コンピュータやスマホの画面ばかり見ていても、発想はわいてこない。景色を眺めながら、ぼんやりとあれこれを連想し、自分のペースで走る時間を持つことで初めて、忙しい現代人はバランスのとれたかたちで心や身体の機能を発揮することができるのである。

ランニングが良いとわかっていても、なかなか始められない、続けられないという方もいるかもしれない。そのような方には、「三日坊主も一〇〇回やれば立派な継続」という考え方をお贈りしたい。完璧主義者の方ほど、始めてもいったんやめてしまうと、罪悪感もあって、「もういいや」と考えてしまう。松浦さんが本書で書かれているように、休んでもいい。一時的な中断くらいではゆるがない息の長い継続こそが、ランニングを続ける秘訣である。

ランニングは、現代人にとっての「必須科目」。走ることについての心構えだけでなく、シューズやウェア選びの極意など実際的なノウハウも書かれた本書は、よろこびにあふれたランニング世界へのこの上ない入門書だと言えるだろう。

走ることで、人は遠くまでいくことができるのだ。


（脳科学者）

この本は二〇一七年十二月五日、筑摩書房より刊行されました。

居ごこちのよい旅　松浦弥太郎　若木信吾写真

マンハッタン、ヒロ、バークレー、台北……匂いや気配で道を探し、自分だけの地図を描くように歩いてみよう。12の街への旅エッセイ。（若木信吾）

ほんとうの味方のつくりかた　松浦弥太郎

一人の力は小さいから、豊かな人生に〈味方〉の存在は欠かせません。若い君に贈る、大切な味方の見つけ方と育て方を教える人生の手引書。（水野仁輔）

戦略読書日記　楠木建

『一勝九敗』から『日本永代蔵』まで。競争戦略の第一人者が自著を含む22冊の本との対話を通じて考えた戦略と経営の本質。（出口治明）

質問力　齋藤孝

コミュニケーション上達の秘訣は質問力にあり！これさえ磨けば、初対面の人からも深い話が引き出せる。話題の本の、待望の文庫化。（斎藤兆史）

段取り力　齋藤孝

仕事でも勉強でも、うまくいかない時は「段取りが悪かったのではないか」と思えば道が開かれる。段取り名人となるコツを伝授する！（池上彰）

コメント力　齋藤孝

オリジナリティのあるコメントを言えるかどうかで「おもしろい人」、「できる人」という評価が決まる。優れたコメントに学べ！

齋藤孝の速読塾　齋藤孝

二割読書法、キーワード探し、呼吸法から本の選び方まで著者が実践する「脳が活性化し理解力が高まる」夢の読書法を大公開！（水道橋博士）

仕事力　齋藤孝

「仕事力」をつけて自由になろう！　課題を小さく明確なことに落とし込み、２週間で集中して取り組めば、必ずできる人になる。（海老原嗣生）

前向き力　齋藤孝

「がんばっているのに、うまくいかない」あなた。ちょっと力を抜いて、くよくよ、ごちゃごちゃから抜け出すとすっきりうまくいきます。（名越康文）

かかわり方のまなび方　西村佳哲

「仕事」の先には必ず人が居る。自分を人を十全に活かすこと。それが「いい仕事」につながる。その方策を探った働き方研究第三弾。（向谷地生良）

スタバではグランデを買え！　吉本佳生

身近な生活で接するものやサービスの価格を、やさしい経済学で読み解く。「取引コスト」という概念で学ぶ、消費者のための経済学入門。（西村喜良）

クルマは家電量販店で買え！　吉本佳生

『スタバではグランデを買え！』続編。やさしい経済学で、価格のカラクリがわかる。ゲーム理論や政治・社会面の要因も踏まえた応用編。（土井英司）

半農半Xという生き方【決定版】　塩見直紀

農業をやりつつ好きなことをする「半農半X」を提唱した画期的な本。就職以外の生き方、転職、移住後の生き方として。帯文＝藻谷浩介（山崎亮）

完全版 この地球《ほし》を受け継ぐ者へ　石川直樹

22歳で北極から南極までを人力踏破した記録。ほとばしり出る若い情熱を鋭い筆致で語るデビュー作、待望の復刊。カラー口絵ほか写真多数。（管啓次郎）

「本をつくる」という仕事　稲泉連

ミスをなくすための校閲。本の声である書体の制作。もちろん紙も必要だ。本を支えるプロに仕事の話を聞きにいく情熱のノンフィクション。（武田砂鉄）

テレビは何を伝えてきたか　植村鞆音／大山勝美／澤田隆治

テレビをめぐる環境は一変した。草創期から番組作りに携わった「生き字引」の三人が、秘話をまじえて歴史をたどり、新時代へ向けて提言する。

珍日本超老伝　都築響一

著者が日本中を訪ね歩いて巡り逢った、老いを超越した天下御免のウルトラ老人たち29人。オレサマ老人にガツンとヤラれる快感満載！

独居老人スタイル　都築響一

〈高齢者の一人暮し＝惨めな晩年？〉いわれなき偏見をぶっ壊す16人の大先輩たちのマイクロ・ニルヴァーナ。話題のノンフィクション待望の文庫化。

自分の仕事をつくる　西村佳哲

仕事をすることは会社に勤めること、ではない。仕事を「自分の仕事」にできた人たちに学ぶ、働き方のデザインの仕方とは。（稲本喜則）

自分をいかして生きる　西村佳哲

「いい仕事」には、その人の存在まるごと入ってるんじゃないか。『自分の仕事をつくる』から6年、長い手紙のような思考の記録。（平川克美）

ひとの居場所をつくる　西村佳哲

これからの暮らしと仕事を、ただの我慢比べでなく、文化を生み出すものにするには？　人と人、人と社会、人と自然の、関係性のデザイン考。（寺尾紗穂）

ドライブイン探訪　橋本倫史

全国のドライブインに通い、店主が語る店や人生の話にじっくり耳を傾ける――手間と時間をかけた取材が結実した傑作ノンフィクション。（田中美穂）

ブルースだってただの唄　藤本和子

アメリカで黒人女性はどのように差別と闘い、生きてきたか。名翻訳者が女性達のもとへ出かけ、耳をすまして聞く。新たに一篇を増補。（斎藤真理子）

父が子に語る日本史　小島毅

歴史の見方に「唯一」なんてあり得ない。君にはそれを知ってほしい――。一国史的視点から解放される、ユーモア溢れる日本史ガイド！（保立道久）

父が子に語る近現代史　小島毅

日本の歴史は、日本だけでは語れない――。未来の世代に今だからこそ届けたい！　ユーモア溢れる大人気日本史ガイド・待望の近現代史篇。（出口治明）

生き延びるためのラカン　斎藤環

幻想と現実が接近しているこの世界で、できるだけリアルに生き延びるためのラカン解説書にして精神分析入門書。カバー絵・荒木飛呂彦（中島義道）

木の教え　塩野米松

かつて日本人は木と共に生き、木に学んだ教訓を受け継いできた。効率主義に囚われた現代にこそ生かしたい「木の教え」を紹介。（丹羽宇一郎）

手業に学べ　心　塩野米松

失われゆく手仕事の思想を体現する、伝統職人の聞き書き。「心」は斑鳩の里の宮大工、秋田のアケビ蔓細工師など17の職人が登場、仕事を語る。

手業に学べ　技　塩野米松

伝統職人たちの言葉を刻みつけた、渾身の聞き書き。「技」は岡山の船大工、福島の野鍛治、東京の檜皮葺き職人など13の職人が自らの仕事を語る。

星の王子さま、禅を語る　重松宗育

『星の王子さま』には、禅の本質が描かれている。住職でアメリカ文学者でもある著者が、難解な禅の哲学を指南するユニークな入門書。（西村惠信）

ロシア文学の食卓　沼野恭子
前菜、スープ、メイン料理からデザートや飲み物まで。「食」という観点からロシア文学の魅力に迫る読書案内。カラー料理写真満載。（平松洋子）

私の幸福論　福田恆存
この世は不平等だ。何と言おうと！　しかしあなたは幸福にならなければ……。平易な言葉で生きることの意味を説く刺激的な書。（中野翠）

世界がわかる宗教社会学入門　橋爪大三郎
宗教なんてうさんくさい⁉　でも宗教は文化や価値観の骨格であり、それゆえ紛争のタネにもなる。世界宗教のエッセンスがわかる充実の入門書。

英国セント・キルダ島で知った何も持たない生き方　井形慶子
イギリス通の著者が偶然知った世界遺産の島セント・キルダでの暮らしと社会を日本で初めて紹介。実在した島民の目を通じてその魅力を語る。

東京　吉祥寺　田舎暮らし　井形慶子
愛する英国流生活の原点は武蔵野にあった。住みたい街№1に輝く街、吉祥寺を「東京の田舎」と呼ぶ、奇想天外な井形流素朴な暮らしの楽しみ方。

よみがえれ！　老朽家屋　井形慶子
吉祥寺商店街近くの昭和の一軒家を格安でリフォーム、念願の店舗付住宅を手に入れるまで。住宅エッセイの話題作、ついに文庫化！

突撃！　ロンドンに家を買う　井形慶子
ロンドンの中古物件は古いほど価値がある。夢を果たすために東奔西走、お屋敷から公団住宅まで歩いて知った英国式「理想の家」の買い方。（菊地邦夫）

昭和の洋食　平成のカフェ飯　阿古真理
小津安二郎『お茶漬の味』から漫画『きのう何食べた？』まで、家庭料理はどのように描かれてきたか。食と家族と社会の変化を読み解く。（上野千鶴子）

ちゃんと食べてる？　有元葉子
元気に豊かに生きるための料理とは？　食材や道具の選び方、おいしさを引き出すコツなど、著者の台所の哲学がぎゅっとつまった一冊。（高橋みどり）

北京の台所、東京の台所　ウー・ウェン
料理研究家になるまでの半生、文化大革命などの出来事、北京の人々の暮らしの知恵、日中の料理について描く。北京家庭料理レシピ付。（木村衣有子）

大東京ぐるぐる自転車　伊藤礼

六十八歳で自転車に乗り始め、はや十四年。ペースメーカーを装着した体で走行した距離は約四万キロ！　味わい深い小冒険の数々。（平松洋子）

ダダダダ菜園記　伊藤礼

畑づくりの苦労、楽しさを、滋味とユーモア溢れる文章で描く。自宅の食堂から見える庭いっぱいの農場で〝伊藤式農法〟確立を目指す。（宮田珠己）

ナリワイをつくる　伊藤洋志

暮らしの中で需要を見つけ月3万円の仕事を作り、それを何本か持てば生活は成り立つ。DIY・複業・お裾分けを駆使し仲間も増える。（鷲田清一）

フルサトをつくる　伊藤洋志　pha

都会か田舎か、定住か移住かという二者択一を超えて、もう一つの本拠地をつくろう！　場所の見つけ方、人との繋がり方、仕事の作り方。（安藤桃子）

ぼくは散歩と雑学がすき　植草甚一

1970年、遠かったアメリカ。その風俗、映画、本、音楽から政治までをフレッシュな感性と膨大な知識、貪欲な好奇心で描き出す代表エッセイ集。

雨降りだから ミステリーでも勉強しよう　植草甚一

1950～60年代の欧米のミステリー作品の圧倒的で、貴重な情報が詰まった一冊。独特の語り口で書かれた文章は何度読み返しても新しい発見がある。

女子の古本屋　岡崎武志

女性店主の個性的な古書店が増えています。カフェを併設したり雑貨も置くなど、独自の品揃えで注目の各店を紹介。追加取材して文庫化。（近代ナリコ）

貧乏は幸せのはじまり　岡崎武志

著名人の極貧エピソードからユーモア溢れる生活の知恵まで、幸せな人生を送るための「貧乏」のススメ！　巻末に荻原魚雷氏との爆笑貧乏対談を収録。

古本で見る昭和の生活　岡崎武志

古本屋でひっそりとたたずむ雑本たち。忘れられたベストセラーや捨てられた生活実用書など。それらを紹介しながら、昭和の生活を探る。（出久根達郎）

上京する文學　岡崎武志

村上春樹、川端康成、宮澤賢治に太宰治――、作家の上京を「東京」の街はどんな風に迎えたのか。上京で読み解く文学案内。野呂邦暢の章を追記。（重松清）

既にそこにあるもの　大竹伸朗

画家、大竹伸朗「作品への得体の知れない衝動」を伝える20年間のエッセイ。文庫では新作を含む木版画、未発表エッセイ多数収録。（森山大道）

ネオンと絵具箱　大竹伸朗

現代美術家が日常の雑感と創作への思いをつづった2003〜11年のエッセイ集。単行本未収録の28篇、カラー口絵8頁を収めた。文庫オリジナル。

見えない音、聴こえない絵　大竹伸朗

東京都現代美術館での「全景」展、北海道の牧場での個展、瀬戸内直島の銭湯等個性的展示の日々。新作木炭線画30点収録。（原田マハ、石川直樹）

読書からはじまる　長田弘

自分のために、次世代のために――。「本を読む」意味をいまだからこそ考えたい。人間の世界への愛に溢れた珠玉の読書エッセイ！（池澤春菜）

すべてきみに宛てた手紙　長田弘

この世界を生きる唯一の「きみ」へ――人生のためのヒントが見つかる、39通のあたたかなメッセージ。傑作エッセイが待望の文庫化！（谷川俊太郎）

わたしは驢馬に乗って下着をうりにゆきたい　鴨居羊子

新聞記者から下着デザイナーへ。斬新で夢のある下着を世に送り出し、下着ブームを巻き起こした女性起業家の悲喜こもごも。（近代ナリコ）

人とこの世界　開高健

開高健が、自ら選んだ強烈な個性の持ち主たちと相対する。対話や作品論、人物描写を混和して描き出した「文章による肖像画集」。（佐野眞一）

書斎のポ・ト・フ　開高健／谷沢永一／向井敏

博覧強記の幼馴染三人が、庖丁さばきも鮮やかに古今東西の文学を料理しつくす。談論風発・快刀乱麻の驚きの文学鼎談。（山崎正和）

開高健ベスト・エッセイ　開高健　小玉武編

文学から食、ヴェトナム戦争まで――おそるべき博覧強記と行動力。「生きて、書いて、ぶつかった」開高健の広大な世界を凝縮したエッセイを精選。

葡萄酒色の夜明け　開高健　小玉武編

旺盛な行動力と好奇心の赴くままに書き残された優れたエッセイを人物論、紀行文、酒食などに整理し、併せて貴重な書簡を収める。

ちくま文庫

それからの僕《ぼく》にはマラソンがあった

二〇二二年十月十日　第一刷発行

著　者　松浦弥太郎（まつうら・やたろう）
発行者　喜入冬子
発行所　株式会社 筑摩書房
　東京都台東区蔵前二―五―三　〒一一一―八七五五
　電話番号　〇三―五六八七―二六〇一（代表）
装幀者　安野光雅
印刷所　凸版印刷株式会社
製本所　凸版印刷株式会社

ISBN978-4-480-43837-9　C0175